은퇴하는 남편,
일을 찾는 아내

인생 2막 성공 사례와 노후 준비 솔루션

은퇴하는 남편, 일을 찾는 아내

고봉태 지음

어른의시간

은퇴는 꿈을 향한 새로운 여행이다

이 시대의 많은 40~50대 직장인과 경력 단절된 중년의 남성과 여성은 어떤 생각과 목표를 가지고 살아가고 있을까? 현실은 절박함과 불안감이 혼재되어 있을 것이다. 중장년의 어깨는 무겁고 '미생'으로의 두려움은 좌절과 절망이 앞선다. 그러나 은퇴가 두려운 것이 아니라 은퇴를 준비하지 않은 상태를 두려워해야 한다.

100세 시대를 살아야 하는 중장년들에게 은퇴 후 삶은 위기와 기회의 갈림길이다. 나는 직장을 떠나는 남편과 일자리를 찾아나서는 아내들을 주변에서 많이 지켜봤다. 그래서 이 책을 통해 같은 시대를 살아가는 40~50대 중장년에게 인생 2막의 꿈을 함께 찾아가자고 제안한다. 세상에 동화되어 살아오면서 '잃어 버렸던 꿈'과 '나'를 다시 찾아 인생 2막을 주인으로 살아가는 길을 말이다.

경력 단절을 맞이한 인생의 미래를 헤쳐 나아갈 해결 방안은 지극히 개인적이다. 해결책과 준비 방법도 개별적이다. 자기 자신에게 두 가지 질문을 던져 보라.

"어떤 꿈으로 인생 2막을 살아갈 것인가?"

"내가 죽을 때 후회할 일은 어떤 것이 있을까?"

두 가지 질문의 답을 찾는 길이 은퇴 준비이다. 구체적 방법과 방향은 자신의 가슴 속에서 시작되고 자신의 꿈에서 출발해야 한다. 그리고 여행 준비물은 각자의 취향에 따라 준비해야 한다. 인생 2막은 자유여행과도 같다. 깃발을 들고 안내하던 가이드는 사라졌다. 가고 싶은 곳과 방향을 스스로 선택하고 결정해야 한다. 이제 자신의 꿈을 찾는 여행을 시작해야 할 때다. 지금 당장 은퇴 준비를 시작하라. 인생 2막의 꿈의 여행을 위한 시나리오를 쓰고, 은퇴 후 40~50년을 살아갈 준비물을 배낭에 담아라.

일을 하고 싶어도 할 수 없는 절박함과 간절함을 꿈과 욕망으로 승화시키고 인생 2막의 여행을 준비하라. 준비된 퇴직과 은퇴는 100세 시대의 기회이자 축복이다.

은퇴 준비와 인생 2막에 대한 관심이 있다면 이 책은 당신을 위한 책이다. 은퇴 준비와 인생 2막에 대해 무관심했다면 더욱더 이 책을 통해서 당신만의 인생 2막 시나리오를 쓰는 아이디어를 얻기 바란다.

2015년 11월
고봉태

차례

3장. 은퇴하는 남편, 일을 찾는 아내

4장. 노후를 위한 인생 설계 솔루션

은퇴 진단

재무

일

5장. 100세 시대의 은퇴 설계

1장

오래 사는 리스크보다
더 위험한 것은 없다

- 100세 시대, 퇴직 재앙이 몰려온다
- 80세까지 일하는 워킹 푸어
- 화려했던 계급장, 직위라는 갑옷
- 평생 한 직업으로 사는 시대는 끝났다

_____ 100세 시대,
퇴직 재앙이 몰려온다

은퇴는 개인의 재앙이자 사회의 부담

취업 지원 업무를 담당하다 보면 거대하게 움직이는 고용시장에서 직장인이 얼마나 힘없는 존재인가를 실감하게 된다. 직장 내에서 버티고 있는 현직 직장인이나, 퇴직이나 경력 단절 후 새로운 일자리를 찾는 남성과 여성의 현실은 동전의 양면과 같다. 우리 사회의 직장인은 연령을 불문하고 언제 퇴출될지 알 수 없는 불안과 걱정 속에 하루하루 살아가고 있다. 실업과 소득 감소 그리고 늘어난 수명은 인생의 위기로 한꺼번에 닥칠 것이다.

대부분의 직장인은 은퇴 준비에 대해 막막하게 여긴다. 무엇을 어떻게 해야 할지 방향성을 찾지 못한다는 것이 직장인의 고민이다. '직장을 떠난다면 무엇을 해야 할까? 무엇을 할 수 있을까? 어떻게

준비해야 할까?'

이러한 질문들이 큰 벽이 되어 앞을 가로막는다. 이미 명예퇴직이나 정년퇴직으로 직장을 떠나거나 경력 단절을 경험한 여성과 전업주부들 또한 막연하고 두렵기는 마찬가지다. 중장년 남성들과 경력 단절 여성들은 일자리를 찾는 30대와 치열하게 경쟁해야 한다. 그곳은 흡사 전쟁터와 같다.

노후 준비를 위한 인생 설계나 재무 설계는 지극히 개인적이기 때문에 구체적인 틀에 맞출 수 없다. 10년 후인 2026년에는 65세 이상 인구가 20%가 되는 초고령사회가 예정되어 있으며 100세 시대가 눈앞에 다가오고 있다. 이처럼 우리 사회는 빠르게 늙어가며 고령사회로 나아가는 속도는 가속도가 붙고 있으나 은퇴 이후와 인생 2막 준비는 전혀 속도가 나지 않는다는 것이 현재 개인과 국가의 고민이다. 이것은 곧 국가 경제의 문제임과 동시에 개인과 가정의 생존과도 직결된 문제이다. 준비하지 않는 100세 시대는 개인의 재앙이자 사회의 부담이다.

한국인의 건강수명(평균수명에서 질병이나 부상으로 인해 활동하지 못한 기간을 뺀 기간)이 약 73세, 평균수명이 82세 정도이다. 우리나라 직장인의 평균 퇴직 연령은 52세로 직장을 떠나서도 최소한 30년 동안 생계를 유지하기 위해 일하며 살아야 한다. 지금 40~50대의 보통 사람들이 100세까지 살 수 있다고 전제했을 때 직장을 퇴직하거나 은퇴 이후 상당히 긴 시간을 살아가야 하는 것은 분명하다.

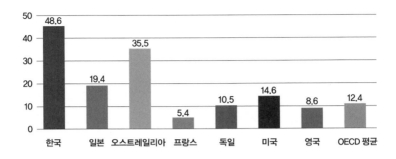

65세 이상 노인 빈곤율(2011)
(출처: 기획재정부, OECD / 단위: %)

2015년 4월 한 방송사에서는 노인 빈곤 문제를 취재해 방송했다. 대한민국의 노인 빈곤율은 48.6%(2011년 기준)로 OECD 국가 중 1위이며 OECD 국가 평균보다 4배 이상 높은 수치이다. 그다음 오스트레일리아가 35.5%로 2위, 일본이 19.4%로 3위를 차지했다.

퇴직을 한 중년의 남성 직장인과 결혼·임신·출산·육아로 경력단절을 겪은 여성들의 고민은 새로운 일자리이다. 누구나가 입시, 결혼, 취업 등을 위해서 많은 경제적·정신적 고민을 하며 치열하게 준비해 왔다. 이처럼 오랫동안 준비해도 실패와 어려움을 겪는 것이 인생이다. 그러므로 퇴직 이후, 인생 2막을 위해서도 많은 준비와 연습이 필요하다. 하지만 실제로 퇴직과 은퇴를 미리 준비하는 중장년 남녀는 많지 않다. 그들이 인생 후반에 방향을 잃고 두려움을 느끼는 것은 준비와 연습이 되어 있지 않기 때문이다.

1%의 가능성을 믿어라

급작스런 명예퇴직을 경험한 직장 남성의 성공적인 인생 2막 이야기와 오랜 기간 경력 단절을 딛고 취업에 성공한 중장년 여성들의 성공 스토리는 많은 이들에게 공감을 느끼게 한다. 밑바닥을 경험하고 치열한 준비를 통해 일구어낸 행복 스토리이자 리얼 스토리이기 때문이다.

55세의 김순미 씨는 마케팅 전공자로 나름 괜찮은 기업에서 마케팅 관련 업무를 담당했으나 나이 때문에 몇 년 전 권고사직을 당하고 구직 활동을 시작했다. 경력을 살려서 관련 분야에 취업을 하려 했으나 수십 차례 서류 전형에서 탈락했다. 나름 잘나갔던 시절을 생각하면 현실이 너무나 힘겨워 취업을 포기하고 싶었으나 동갑내기 남편이 직장에서 명예퇴직을 하게 되어 가계에 소득이 필요한 형편이었다. 매일 집에 있는 남편과 불화도 잦고 관계는 더욱 악화되었다. 게다가 대학생인 막내아이의 뒷바라지를 위해서 일자리 찾기를 포기할 수 없었다.

그녀는 지역의 여성새로일하기센터를 통해 구직 활동을 시작했고, 상담과 직업교육훈련을 통해 비슷한 처지의 여성들을 만나 정보를 공유하고, 센터 직업상담사들의 지원을 통해 서비스 관련 업종으로 정하고 차분하게 한 걸음 한 걸음 내디뎠다. 나이 때문에 번번이 실패해 포기하고 싶었지만 간절하고 절박했다. 남은 긴 인생을 우울하게 살아갈 수 없다고 생각하며 적극적으로 취업박람회에 참여하고 동아리 활동에 참여하면서 차츰 자신의 강점을 찾아 나갔다. 여러 차례의 서류 전형과 현장 면접에서 떨어졌지만, 그 과정에서 세상과 일터의 현실을 터득하면서 정신적으로 더욱 강해졌다. 실패 과정을 통해 현장 인사 담당자를 만나는 좋은 기회를 얻었고, 관련업계에서 필요로 하는 사람이 어떤 사람인지 알게 되어 스스로 더욱 치밀하게 준비하는 기회가 되었다. 취업 현장과 고용시장에서 어떻게 행동하고 어떻게 자신을 알려야 하는지도 터득했다. 면접 때마다 나이 때문에 채용이 어렵다는 답변을 받았지만 거절당하면서 면접 스킬과 면접관의 입장을 정리하고, 취업상담사와의 상담과 피드백을 통해 자기 자신을 지속적으로 다듬었다.

"절대 포기하지 말고 1%의 가능성을 믿어라!"

담당 취업상담사는 이 같은 말로 그녀를 격려했다. 취업 지원을 시작한 지 1년쯤 지나 판교에 있는 테크노파크에서 채용 공고를 접하고, 마케팅 관련 서비스 업무 분야에 동료들과 신청했다. 당시 그회사는 50대를 채용한 사례가 없었고, 지원자 수도 많았으며 젊고 쟁쟁한 남녀들이 많이 지원해 채용에 대한 기대치는 낮았다. 그러나 결과는 수십 대 1의 경쟁률을 뚫고 최종 합격했다.

절박하고 간절하게 기다리던 가능성이 드디어 현실이 되었다. 담당 취업상담사, 동료들과 눈물을 흘리면서 기뻐했고, 스스로에게 감사하며 지난 1년간의 아픔과 슬픔을 씻어냈다. 그녀는 현재 판교 테크노파크에서 서비스관리책임자로 일하며 행복하게 인생 2막을 살아가고 있다. 그녀는 이렇게 조언한다.

"인생 2막을 살아가는 길은 준비와 자신감이 전부입니다. 화려한 과거를 돌아보지 말고 현재의 자신을 발견하고 밑바닥에서 시작할 수 있는 자세가 필요해요. 정부와 지방자치단체에서 운영하는 여성새로일하기센터를 활용하고 일자리를 찾는 동료들과 공감을 통해 안정감을 찾으면서, 다양한 취업 교육과 일자리 박람회에서 고용시장의 동향과 정보를 찾고 자기 자신을 훈련시켜야 합니다. 그리고 가장 중요한 것은 포기하지 않는 것입니다. 가능성을 포기하지 마세요. 100세 시대의 긴 인생에서 제2의 인생을 축복으로 만드는 주인공은 나 자신입니다."

최근에 그녀는 일자리를 찾고 있는 경력 단절 여성들에게 자신의 취업 성공 스토리를 알리는 일도 하면서 행복한 삶을 살아가고 있다.

100세 시대의 현실

100세 시대의 재앙도, 장수 시대의 축복도 나 자신이 선택하는 것이다. 그러므로 자기 자신이 삶의 주체가 되어 미래를 준비하는 여유가 필요하다. 재취업에 성공한 사람들은 한목소리로 진정한 나의 꿈과 행복을 위한 삶을 선택해 밀고 나가라고 한다. 더 이상 올라야 할 꿈과 목표가 없다면 당신은 이미 아무것도 할 수 없다. 100세 시대의 재앙만이 남아 있고, 당신의 인생은 이미 정지된 것이나 다름없다. 밀려드는 은퇴 재앙의 파도에 휩쓸려 표류하지 않으려면 어떻게 해야 할까?

재앙을 피하는 유일한 길은 지금 행동하는 길뿐이다. "오늘 계란 하나를 가지는 것보다 내일 암탉 한 마리를 가지는 쪽이 낫다"는 말처럼 지금 겪는 고통과 시련이 100세 시대의 재앙을 미리 막아 줄 것이다.

80세까지 일하는
워킹 푸어

일하면서도 가난하다

'워킹 푸어'는 일이 있으나 빈곤하게 살아가는 계층으로 열심히 일을 하지만 가난 상태에서 벗어나지 못하는 부류의 사람을 말한다. 이들은 매월 월급을 받기 때문에 겉으로 보기에는 중산층처럼 보이지만, 저임금으로 하루하루 고용 불안과 생계 걱정을 하며 살아가는 빈곤 계층이다. 그들은 직장을 퇴직해 대개 자영업을 시작하지만 영세성을 벗어나지 못하거나, 시간제 일자리나 비정규직 일자리를 전전하는 경우가 많다. 이러한 은퇴자들과 경력 단절 여성들이 취약 계층에 속한다. 빈곤 상태는 나이가 많거나 여성일수록, 기술이나 학력이 낮을수록, 파트타임 일자리일수록 더욱 악화되고 있다는 것을 현장에서 느낄 수 있다.

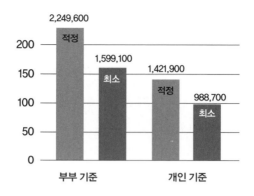

노후 필요 월 최소생활비
(출처: 국민연금연구원 / 단위: 원)

최근에는 젊은 세대도 일자리가 부족해 '88만 원 세대'라는 말이 나올 정도로 푸어족은 세대를 넘어 확대되고 있다. 게다가 직장인은 30대부터 50대까지 언제 직장에서 밀려날지 모르는 시대에 살고 있다. 현재 퇴직했거나 퇴직 예정자들은 늘어난 인생을 살아가기 위해 평생 일을 해야 할 확률이 매우 높다. 대학 졸업자들은 정규직 일자리를 구하지 못해 공무원과 교사 등 안정적인 일자리를 얻으려고 수년에 걸쳐 취업 준비와 아르바이트에 시간과 젊음을 낭비하고 있다. 40~50대 중장년, 외국인 노동자들, 제조업 생산라인에서 일하는 여성들은 100만 원 안팎의 임금을 받기 위해 일자리 경쟁을 벌이고 있다. 이들은 과연 어떤 미래를 꿈꿀 수 있을까? 발버둥치고 몸부림쳐도 가난에서 벗어날 수 없는 현실, 이 모습은 준비되어 있지 않은 퇴직자가 맞이하게 될 머지않은 미래이다.

　보건복지부는 2015년 4인 가구 최저생계비를 166만 8,000원으로 책정했다. '긴급복지지원법'에 의거 1인 소득 154만 원, 최저시급 7,380원에 미치지 못하는 가구는 위기상황시 정부의 긴급 지원을 받도록 했다. 2014년 한국의 최저임금은 5,210원으로 평균임금의 36% 수준이다. OECD 권고 수준인 50%에 비하면 낮은 수준이며, 한국의 근로빈곤층 비중도 25.9%로 OECD 회원국가들 중에 가장 높다. 최근 매매가에 육박하는 전세금 및 체감 생활물가는 점점 심각해지고 노인과 여성의 빈곤율은 높아지고 있다. 이처럼 심화되는 양극화와 일자리 부족은 '워킹 푸어'를 양산하고 있다.

　의학의 발달과 위생 환경의 향상으로 늘어난 수명을 살아가야 하는 중장년들은 미래가 걱정이다. 그동안의 지출 수준을 줄이기는 어렵고, 의료비 지출은 점점 증가하기 때문에 80세가 넘어서도 생계를 위해 일을 해야만 한다.

　'워킹 푸어'를 벗어나려면 저축을 하거나 미래의 소득을 창출할 지식이나 기술이 있어야 한다. 아니면 지출을 줄이고 최소한의 경비로 살아가는 생활을 선택해야 한다. 소득이 없으면 결국 생존을 위협 당하게 되고 그러다 막다른 길목에 다다르면 국가의 공적 부조나 복지수혜자로 살아가야 한다.

　현직에 있는 40~50대 중장년들과 독신가구 여성들의 현실은 비상사태이다. 가난을 벗어날 수 없는 인생 궤도에서 워킹 푸어로 살아갈 것인가, 자기 자신만의 미래의 생계 수단을 만들 것인가? 두 가지 중 하나를 선택해야 한다.

중년 워킹 푸어의 일자리 찾기

얼마 전 40대 중반에 대기업에서 명예퇴직한 친구를 만났다.

"나이 50 중반에 일자리가 있는 것은 행운이야. 정규직이든 시간제 일자리든 어디든지 오라는 데만 있으면 좋겠다. 두 시간 출퇴근 시간이 걸려도 어디든 갈 거야. 그러나 채용해주는 곳이 없어. 한 푼이라도 벌어야 해. 지금도 이력서와 자기소개서를 들고 다니면서 채용 공고를 찾아다녀. 아내와 자녀들 보기가 겁나고 친구들을 만날 수가 없어. 아내가 생계형 식당을 했는데 그것도 장사가 안 돼서 문을 닫았어. 50대 중반인데 앞으로 어떻게 살아갈지가 막막하다."

친구는 현재 상황을 고스란히 알려 주는 표정과 모습으로 이렇게 말했다. 아이들 뒷바라지는 고사하고 생계를 위해서 일자리가 꼭 필요하다는 것이다. 하지만 일을 하고 싶어도 일자리가 없을 뿐더러 시간제 일자리도 구하기 힘든 것이 현실이다.

박스와 고철을 모아 팔며 살아가거나 생활고로 인해 아이와 동반 자살을 하는 뉴스를 종종 접하게 된다. 이것은 곧 기본적으로 먹고사는 문제의 해결이 중요하다는 것을 의미한다. 직장에서 밀려나

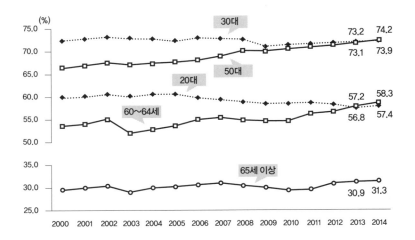

연령대별 고용률

(출처: 통계청 / 단위: %)

는 중년들의 일자리 찾기는 힘겹다. 임시직이나 비정규직 자리조차
도 치열한 경쟁을 벌여야 한다. 40~50대 중년의 워킹 푸어는 80세
이후까지 생계형 일을 찾는 절대 빈곤의 악순환을 겪는 시발점이나
마찬가지이다.

나는 20대 후반에 결혼해 서울 외곽의 반지하에 방을 얻어 신혼
생활을 시작했다. 부모님의 지원 없이 융자를 얻어 맞벌이로 가정을
꾸렸다. 버스가 끊긴 시간에 택시비를 아끼기 위해 한밤중에 3~4킬
로미터를 한 시간 이상 걸었던 기억도 있다. '티끌 모아 태산'이라
고 했던가! 아끼고 저축해 집을 장만했을 때의 기쁨은 이루 말할 수
없었다. 나와 같은 40~50대 중장년은 열심히 일하고 아끼고 저축해

지금의 삶을 이루고 자녀들을 공부시키느라 최선을 다하며 살아왔다. 당시에는 열심히 노력하면 일자리를 얻었고 최소한의 밥은 먹고 살았다. 아끼고 절약하면 풍족하게는 아니어도 한 가족이 살아갈 수 있었다. 하지만 오늘날은 '열심히 노력하면 성공한다'는 말이 통하지 않는 시대이다. 지금 직장에 있는 중년의 직장인들은 자신의 능력으로 언제까지 일자리를 지킬 수 있고 미래를 살아갈 수 있을지 자문해 보라.

워킹 푸어의 그림자

은퇴 준비는 직장을 그만두고 쉬면서, 산이나 다니면서 준비해도 된다고 생각한다면 크게 실수하는 것이다. 길어진 인생의 위험과 재앙을 예측하지 못한다면 죽을 때까지 일해야 하는 워킹 푸어가 될 확률이 높다고 통계는 말하고 있다. 자기 자신만의 은퇴와 노후 준비의 개념을 찾아야 한다.

내가 살고 있는 아파트 아래층에 사는 대기업 간부는 연봉이 1억 가까이 되고, 45평 아파트에 3,000cc 자동차를 타고 다닌다. 주변 사람들이 그를 중산층 이상의 상류층으로 여기는 것은 당연한 일일 것이다. 가끔 아파트 공원에서 그를 만나서 '잘나가는 기업의 간부'라는 말을 건네면 그는 허울 좋은 타이틀과 겉으로 보는 것과 달리 어려움이 많다고 속내를 털어놓는다.

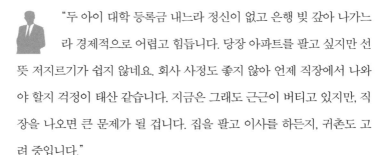
"두 아이 대학 등록금 내느라 정신이 없고 은행 빚 갚아 나가느라 경제적으로 어렵고 힘듭니다. 당장 아파트를 팔고 싶지만 선뜻 저지르기가 쉽지 않네요. 회사 사정도 좋지 않아 언제 직장에서 나와야 할지 걱정이 태산 같습니다. 지금은 그래도 근근이 버티고 있지만, 직장을 나오면 큰 문제가 될 겁니다. 집을 팔고 이사를 하든지, 귀촌도 고려 중입니다."

그의 솔직한 심정은 많은 직장인들의 현실일 것이다. 그는 직장을 다니고 집은 소유하고 있으나 대출금을 갚느라 생활 형편이 나아지지 않는 '잡 푸어(job poor)', '하우스 푸어'인 셈이다. 머지않은 미래에 일자리를 잃고 다른 일자리를 찾는 '실직 푸어'로 바뀌고, 파트타임이나 비정규직으로 일하는 '워킹 푸어'가 되고 말 것이다. 가난한 삶은 늘어난 긴 인생의 시간만큼 연장된다. 그리고 가난한 삶의 연장은 비극이 된다.

퇴직이나 은퇴 후에도 쉴 수 없는 직장인, 연금 등으로 생계가 곤란해 또 다른 생계의 도구를 찾아나서야 하는 현재 직장에 있는 예비 은퇴 중장년들에게 늘어난 인생의 긴 시간은 어떤 의미일까? 무너지는 중산층 그리고 줄어드는 일자리와 수입, 늘어나는 부담과 지출이 미래에 대한 두려움을 더욱 키우고 있다. 한 가정을 책임지고 빈곤을 대물림하지 않으려고 밤낮으로 몸이 부서져라 헌신했지만 결코 끊을 수 없으며, 평생 생계를 걱정하며 살아가야 하는 '푸어' 신세로 전락하고 마는 것이다. 평생직장과 평생 직업이 사라지고, 80세 이후에도 일을 해야 하는 시대는 이미 도래했다. '워킹 푸어'의 그림자는 생각보다 빨리 다가오고 있다.

화려했던 계급장, 직위라는 갑옷

과거를 잊어라

미국의 성직자 노먼 필은 "어제는 어젯밤에 끝났다. 오늘은 새로운 시작이다. 과거를 잊는 기술을 배워라. 그리고 앞으로 나아가라"라고 말했다.

40~50대 중장년이 느끼는 지금의 현실은 과거로 돌아가지도 못하고 변화무쌍한 미래로 나가지도 못하는 입장이다. 인생의 전반전은 끝이 났다. 지금은 후반전을 시작하기 위해 잠시 쉬어야 할 때이다. 낯설고 새롭고, 시간이 늘어난 인생 2막이 기다리고 있다. 과거를 잊고 새로운 길로 떠나든지, 과거를 발판 삼아 주어진 미래를 만들어 나아가야 한다. 20~30년간 직장 생활을 하며 살아왔고, 이제는 어떠한 이유에서든 직장에서 밀려나야 하는 상황이다. 새로운 미

래를 위해 어디로 무엇을 찾아나서야 할지는 막막하다. 단지 목숨만 부지하며 살아가기를 원하는 사람은 없을 것이다. 자유로운 현재와 아름다운 미래를 꿈꿀 것이다.

　30여 년이 되어 가는 친목 모임에 참석한 적이 있다. 25세에 만나 3개월간 함께 영어 교육을 받았던 직장 동료들의 모임이다. 나는 모임의 막내로 지금도 총무 역할을 하고 있다. 거의 대부분이 높은 직위로 정년퇴직을 했고, 한두 명은 아직 현직에서 퇴직을 앞두고 있다. 회원 중에는 이른 나이에 명예퇴직을 한 후 잘나가는 사업가로 변신한 사람도 있다. 정기적으로 모임을 주선하기 위해 전화를 하고 문자를 하다 보면, 현직에 있을 때의 화려했던 계급장은 찾아볼 수 없다. 나 자신의 미래 모습을 보는 것 같아 씁쓸하기도 하고 정신이 번쩍 들기도 한다. 그들을 보며 직장에서 얻었던 계급장과 직위는 은퇴 후에는 의미가 없고, 현직에 있을 때 잠시 화려하게 빛이 난다는 것을 종종 깨닫곤 한다. 직장의 화려한 직위와 경력은 미래를 보장해 주지 않는다.

　대기업 해외사업본부장을 지낸 김기연(52세) 씨는 한때 수백억 프로젝트를 총괄하며 책임자로 일했다. 젊은 나이에 승진가도를 달렸고, 사내에서 능력 있는 간부로 성장했다. 동기들을 제치고 마음먹은 대로 끝이 없이 달릴 것 같았다. 그러나 잘나가던 회사와 직장은 한순간에 경영 악화에 빠졌고, 화려했던 직위와 계급장은 먼지처럼 사라졌다. 그때가 그의 나이 47세였다. 가족을 포기하고 자신의 건강을 버려 가면서 일했던 직장에서 밀려나자 자신이 원망스럽고 죽음을 생각하기까지 했다. 생활고를 해결하기 위해 건설 현장 일용직, 야간 경비원, 대리기사 등 여러 파트타임을 전전했다. 스스로 목숨을 끊으려는 생각도 여러 차례 했으나 가족들을 생각해 차마 실행할 수가 없었다. 1년 6개월 동안 이것저것 해 보다가 새로운 길을 준비하기로 마음먹었다. 먼 미래의 노후가 문제가 아니라 당장의 생계를 이어나가야 했기 때문이다. 포클레인이나 지게차 운전, 보일러, 목공, 자동차 수리 등 기술을 배우기로 결심하고 정부에서 운영하는 중장년일자리희망센터의 소개를 통해 폴리텍대학에서 6개월간의 국비직업훈련과정을 이수해 목공 기능사 자격증을 획득했다. 지금 기술을 배우지 않으면 취업할 곳이 없을 것이라는 판단으로 입시생처럼 열심히 공부해 자격증을 거머쥔 것이다. 경력 단절 후 2년 동안 세상 밑바닥을 경험한 그는 자격증으로 목공 관련 중견 기업에 재취업했다. 김기연 씨는 이렇게 말했다.

"과거의 화려했던 직위와 계급장을 빨리 버려야 합니다. 눈높이를 낮추면 일자리가 보입니다. 학벌과 스펙도 소용없어요. 같은 길을 가는 동료와 함께하면 외롭지 않고 서로서로 용기와 힘을 줄 수 있습니다."

현실을 직시하고 변화에 발 빠르게 대응해야 하지만 40~50대 직장인이 선택할 수 있는 현실의 방향은 뚜렷하지 않다. 대기업에 근무하는 51세의 한 중견 간부의 말을 들어보자.

"명문대학을 나와 직장에서 23년째 근무하는 동안 엄청난 일을 했고 많은 성과를 만들어 냈습니다. 그럼에도 불구하고 지금의 직위와 직책에 늘 두렵고 불안합니다. 성공했다거나 행복하다는 생각도 들지 않습니다. 재미있지도 않고 하루하루 살아가는 것이 공허하고 의미를 찾을 수 없습니다."

그의 말은 직장인 대부분의 현실과 심정을 대변하고 있다. 이 시대의 중년들은 가정에서는 가장이고, 직장에서는 중견 간부이다. 그들은 자신을 잊은 채 정신없이 살아왔지만 눈앞에는 산 너머 산이 서 있고 불안하기만 하다. 인생의 의미를 느끼지 못한다면 미래도 없다. 중년의 가장이자 직장인이 선택할 수 있는 것은 무엇일까?

임원직과 고위직은 순식간에 자신의 위치에서 내려와야 할지 모른다. 30~50대 과장급, 부장급, 중견 간부들의 운명이라고 다르지 않다. '나'라는 존재는 직위와 계급장을 내려놓는 동시에 사라진다. 그동안 치열하게 경쟁하면서 얻었던 계급장이 무슨 소용인가.

한때는 조직에서 떠오르는 신예로 불리고, 촉망받는 간부로 추앙받던 40~50대의 어깨 위에는 불안과 걱정이라는 계급장만 무겁게 달려 있다. 동기들에게 뒤처지지 않고 후배들에게 추월당하지 않으려고 밤낮없이 노력한 대가는 불안과 두려움뿐이다. 남아 있는 50년은 직장과 계급장 없이 어떻게 살아가야 할까? 지난날의 삶의 방식으로 살아갈 수 없다는 것은 누구나 알고 있을 것이다.

직위와 계급장을 스스로 내려놓기

세상과 타인의 시선을 의식하면서 살아왔던 현재의 직위에서 멀어지는 순간 진정한 '나'를 발견할 수 있다. 남들보다 빠른 승진에 자부심도 가졌고, 부러움과 시기도 받았지만 모두 지나간 이야기일 뿐이다. 직위와 계급장은 한순간의 불꽃놀이와도 같다.

일자리 관련 토론회에서 만난 헤드헌터 회사 대표는 이렇게 말했다.

"지금 베이비붐 세대가 쏟아져 나오고 있다. 40~50대가 직장에서 나오면 세상은 한겨울이다. 오갈 데가 없고 일자리를 놓고 전쟁을 치른다. 은퇴 시장은 전쟁터이다. 지금의 회사가 주는 직위와 명함을 가지고 살다가 퇴직을 해 일자리를 구한다는 것은 거의 불가능한 일이다. 대기업이든 중소기업이든 직장을 나오면 재취업은 어려운 실정이다. 오히려 기술직들은 재취업이 어느 정도 가능하다. 나름 괜찮은 회사에서 명함을 가지고 행사하던 사무직 베이비부머들보다는 직위가 낮거나 없더라도 기술이 있는 사람들이 일자리를 구할 수 있는 가능성이 크다."

베이비부머들이 직장 초년병이었던 시절과는 세상이 완전히 달라졌다. 과거의 생각이나 직위, 명함으로 살아가던 방식은 더 이상 통하지 않는다. 1960년대 초반에 태어난 세대까지는 기술 중심의 사회였다. 공업고등학교와 상업고등학교를 졸업해 취직을 하던 시대였고, 대학을 나온 사람들은 대기업이나 공기업 그리고 금융권에 취업했다. 당시 여러 가지 사정으로 대학을 진학하지 못하고 공장이나 중소기업의 생산직이나 기술직으로 들어갔던 사람들은 현재 작은 사업체의 사장인 경우가 많다. 그러나 대학 졸업 후에 대기업이나 금융기관에 취업했던 사람들은 사오정(45세 정년)이 됐고, 화려했던 직위와 계급장을 내려놓고 치킨집이나 음식점, 호프집을 운영하다 대부분 폐업을 했거나 폐업 직전의 어려운 상황에 몰려 있다.

과거 약 60세까지 살던 시대에는 직장에 좀 더 오래 버티다가 퇴직해 여생을 가족과 지내며 여유를 즐기다 죽음을 맞이했다. 그러나 100세 시대가 코앞에 다가왔다. 직위와 계급장의 의미에 대해 곰곰이 생각해 봐야 할 때이다.

100세 시대는 우리가 살아온 지난 30년간의 사회 변화보다도 더욱 큰 영향력을 미칠 것이다. 미래 사회는 우리의 생각과 상상을 초월할 것이다. 그동안 살아오면서 어떤 변화가 있었는지 돌이켜 보라. 남은 30년은 결국 각자가 활용하고 각색해야 할 시간이자 새로운 콘텐츠로 채워 넣어야 할 시간이다. 그러기 위해서는 과거의 직위나 계급의 황홀함에 취해서 무용담이나 늘어놓고 있을 순 없다. 이쯤에서 직위와 계급장을 내려놓아야 한다. 가난을 벗어나야 했고,

가정과 삶의 조건을 개선시키며 얻었던 직위와 계급장은 새로운 세상에서 새롭게 살아가기 위해 스스로 버려야 하는 것이다.

지금은 자신을 객관적으로 돌아보아야 할 때이다. 앞으로의 삶은 '나'를 위해 살고 자기 자신을 위한 시간으로 만들어야 한다. 직장과 직위가 중심이 되던 세상에서 내가 중심이 되어 바라봐야 한다. 남은 40~50년의 시간을 위해 가족을 먹여 살리고, 나를 얽매고 족쇄가 되었던 직위와 계급장을 회사나 조직이 내려놓으라고 할 때까지 기다릴 것 없이 스스로 내려놓을 수 있어야 한다. 그래야 내가 진정으로 원하고 풍요롭게 살 수 있는 미래를 얻을 수 있다.

평생 한 직업으로 사는 시대는 끝났다

인생에 대해 생각해 보는 시기

2011년부터 경력 단절 여성 재취업과 중장년 일자리 관련 업무를 담당하면서 고용시장의 실상을 알게 되었고, 은퇴 후의 삶에 대해 깊게 생각하는 기회를 얻었다. 전쟁터 같은 고용 현장에서 공무원이라는 직업이 주는 안정감도 있지만, 100세 시대를 살아가야 하는 베이비붐 세대의 일원으로 안정적인 직업에 대한 만족과 아쉬움은 함께 존재했다. 어떤 직업이라도 50대 초반 무렵에는 대개 직장을 떠나야 하고, 공무원이나 교사들도 60세 전후로 해서 세상으로 나가야 한다. 시기의 차이는 있지만 현재 직장에서 떠나야 한다는 것은 피할 수 없다.

진정한 인생은 은퇴 후에 이루어지는 것이 분명하다. 물론 젊은 시절에 비해 용기와 열정은 다르겠지만 인생을 살아온 경험과 상처들을 통한 성찰은 더욱 깊어졌기 때문이다. 지금 직장에서의 직위와 직무는 퇴직과 동시에 반납해야 한다. 기업이 잠시 빌려준 것을 직장인이 일시적으로 임차해 사용한 것일 뿐이다. 임대차 계약이 만료가 되면 방을 빼야 하는 것은 당연하지 않은가. 직장을 떠나 세상과 마주할 때 누구나가 '나는 누구인가? 남은 삶은 어떻게 살아야 할까? 다시 취업의 문으로 들어가야 하나? 단순히 먹고살기 위한 일자리를 찾아 나서야 하나? 나는 무엇을 할 수 있고, 무엇으로 살아가야 하나?'라는 문제에 직면한다. 이것은 많은 퇴직 예정자들과 퇴직자들의 고민이다.

경력기술서와 이력서를 들고 고용시장을 기웃거려야 하는 게 현실이라면, 개인의 삶의 태도와 방식은 청년 시절 취업의 현장과는 다른 모습이어야 한다.

'새로운 패러다임의 시대에 중년의 감각과 지혜로 살아갈 수 있는 방법이 있을까? 자신의 가능성과 하고 싶은 일을 찾아 인생 2막을 살아가려면 어떤 준비를 해야 할까? 먹고살기 위한 것이거나, 남들보다 좀 더 잘살고 싶은 것에서 벗어나 자신만의 여정에서 평생 직업을 찾을 수 있을까?'

한 가지 직업으로는 살아남을 수 없다

현재 나이 40~50대라면 앞으로 50년을 더 살아야 한다. 퇴직을 하면 고정 수입은 바로 사라지지만 지출은 계속된다. 긴 시간을 어떤 방법과 수단으로 살아갈 것인가? 100세 시대를 대비하기 위해 지금 무엇을 하고 있는가?

수차례 직업을 바꾸면서 살아가야 하는 오늘날, 스스로 주인이 되어 주도권을 쥐고 직업을 선택하지 않으면 직업을 얻기 힘들다. 유통기한을 정하는 주체가 회사가 되는 직장은 인생 1막에서 마무리해야 한다. 연봉과 승진에 얽매여 끌려다니는 삶에서 벗어나 자신이 성취감을 느끼고 정신적인 만족을 느끼는 '갑'의 입장에 서야 한다. 내 몸값을 스스로 정하는 시장가치를 소유하도록 경력을 개발하고 유지해야 한다.

죽을 때까지 하고 싶은 일과 이루어야 할 일을 즐겁게 성취하며 사는 것이 노년의 아름다운 길이자, 인생의 멋진 마무리일 것이다. 먹고사는 문제에 방황하고 고민하는 삶의 한계에서 벗어날 수 있도록 자신만의 새로운 인생 여행을 준비하라.

단거리 선수의 시대는 지나갔고 장거리 마라톤을 뛰어야 하는 시대이다. 지속적으로 전문지식의 영양분을 섭취하고 새로운 호흡을 통해 앞으로 달려야 한다. 직장에 매달리고 조직에 매몰되는 시대는 지나갔다. 자기 스스로 갈고닦아 세상에서 써먹을 수 있는 도구를 만들어 내야 하고, 유목민처럼 떠돌아 다녀도 생존이 가능한 적응력과 지혜가 필요하다.

오늘날 평생직장이라는 개념은 사라졌다. 한 개인이 그동안 배웠던 지식과 경험으로 한 직장에서 또 다른 직장으로 한 가지 직업으로 살던 시대는 끝났다. 내가 가지고 있는 직업의 기술과 능력으로는 더 이상 살아갈 수 없다. 내 직업의 유효 기간은 끝나고 있는데 퇴직 후에 긴 시간이 기다리고 있다. 제2의 직업, 제3의 직업을 스스로 만들어야 한다. 국가와 기업이 나의 미래 직업을 만들어 주지는 않는다.

얼마 전에 만난 법무사 대표는 "사법연수원을 졸업한 변호사들이 일자리를 찾지 못하고 200~300만 원 봉급쟁이로 법무사 사무실에서 근무하고 있다. 예전 같으면 검찰이나 법원에서 영감소리를 들어야 하는 법조인들이 주변에 넘쳐나고 있다"고 했다. 과거 사법고시 합격은 개인과 출생지의 경사이자 출신 고등학교나 대학의 큰 영예였으며 플래카드까지 내걸었던 경사였다. 그러나 직업의 의미와 가치가 변했다. 고정관념을 가지고 도전해서 얻은 직업의 가치는 희소성도 없고 돈벌이도 안 된다. 의사라는 직업도 예전과 다르게 어려움을 겪는다는 이야기가 넘쳐 난다.

나 역시 34년 동안 직장 생활을 했다. 청춘을 다 바치고 일한 날들은 사라지고 새로운 50년을 벌어서 먹고살아야 한다. 50년을 일 안 하고 먹고살 수 있을까 생각하면 등골이 오싹하다. 멋지게 살고 싶고, 쉬고 싶고, 여행을 다니고 싶은 꿈이 있다. 그러나 먹고 즐기기 위해서는 또 다른 일을 찾아야 한다. 지금 벌어 놓은 것으로 얼마나 버티며 살 수 있을까?

평균수명 60세 때의 고정관념에서 벗어나 100세 시대에 맞는 직업의 개념을 스스로 발굴하고 찾아 나서야 한다. '지금까지 일을 한 이유는 무엇인가? 앞으로 남은 인생 동안 어떤 직업을 어떤 이유로 해야 하는가?'를 스스로에게 물어보라.

중장년 인생 2막을 위한 교육 기관

국비지원교육정보센터
http://www.gukbi.com

창업넷
http://www.changupnet.go.kr

서울시 여성인력개발기관정보넷
http://womanup.seoulwomen.or.kr/

여성인력개발센터
http://www.vocation.or.kr

여성새로일하기센터
http://saeil.mogef.go.kr

중소기업기술정보진흥원
http://www.tipa.or.kr

서울시 인생2모작 센터
http://www.seoulsenior.or.kr

중장년일자리희망센터
http://www.fki-rejob.or.kr

장년일자리희망넷
http://www.4060job.or.kr

서울시고령자취업알선센터
http://www.noinjob.or.kr

2장

늘어난 인생,
어떻게 대비할 것인가?

- 갑작스러운 퇴직, 은퇴 목표가 중요하다
- 간절함과 절박함으로 이겨 내라
- 시간을 투자하고 가치를 만들어 내는 방법
- 은퇴 후, 내 인생의 모습을 그려라

갑작스러운 퇴직,
은퇴 목표가 중요하다

은퇴 목표를 설정하고 준비하라

"당신은 주요 확정 목표가 무엇인지 결정해야 한다. 그것은 인생에
서 그 어느 것보다 중요한 목표이다. 성취하면 다른 것들보다 더 많
은 것을 얻을 수 있는 목표이다. 인생의 주요 확정 목표를 선택하는
것은 큰 성공의 출발점이다."

비즈니스 컨설턴트이자 최고의 CEO, 베스트셀러 작가로 불리
는 브라이언 트레이시는 이렇게 말했다. 나는 은퇴 준비를 하면서
'은퇴는 종착역이 아니라 새로운 출발이다'라고 확신하게 되었다.
어디로 갈 것인가라는 질문은 정확한 목표를 정해야 하는 은퇴 예
정자들에게 중요한 메시지이다. 그동안 살아왔던 인생 전반전의 목
표를 이어 나갈 것인가? 방향 전환을 통해 새로운 목표로 향할 것인

가? 이 질문에 대한 확실한 대답이 중요하다.

나는 지금 하고 있는 일과 관심사를 정리해서 리스트를 작성하고, 은퇴 시점까지 무엇을 해야 할지 목표를 세워 나가고 있다. 퇴직 시점이 정해진 공무원, 교사의 경우 정년까지 갈 것인지, 조기 퇴직을 통해 새로운 삶을 살아갈 것인지 세심한 검토가 필요하다. 정년이 보장되지 않거나 갑자기 퇴직을 당하는 일반 직장인의 경우 30대부터 예고 없이 찾아오는 실직 준비와 경력 개발은 필수이다. 그중에서도 실직에 노출되어 있는 40~50대가 직장을 잃는다는 것은 본인은 물론 가정에 급격한 충격과 상황 변화를 불러오기 때문에 철저한 변화 관리가 요구된다.

은퇴 이후 목표 설정과 준비는 가족이 함께 해야 한다. 또한 퇴직과 경력 개발은 직장에서 일을 시작할 때부터 일상적으로 이루어져야 한다. 막상 닥쳤을 때는 비상사태가 되기 때문에 준비가 불가능하다.

화려한 스펙, 은퇴 후의 현실

대부분의 직장인들이 은퇴 목표를 설정할 때 현재 상태의 수입과 소비를 60~70% 정도로 하향해서 잡는다. 그러나 퇴직 후 과거 월급 수준의 60~70%만큼 받을 수 있는 직장은 거의 없다. 현 수입의 20~30% 수준의 일자리도 찾기 힘든 실정이다.

은퇴 후 일자리를 찾는 대기업 간부 출신 구직자 이상남 씨의 상담사례를 살펴보자. 그는 국내 명문대를 졸업하고 H 그룹에 입사해 30년간 국내외에서 활약하며 직장 생활을 했다.

"대기업에서 근무하면서 다양한 부서에서 사업을 추진하며 국가와 산업 발전에 기여했습니다. 서울에 있는 괜찮은 아파트에서 여유롭게 살고 있고, 다양한 경험과 능력으로 사회에 기여하고 싶습니다. 내 능력과 지식 그리고 기업 경력으로 어디에서든 일할 수 있을 것으로 생각합니다. 많은 연봉과 지위가 아니더라도 괜찮으니 일자리를 연계해 주세요."

그는 위풍당당하게 일자리 상담을 신청했다. 40~50대 직장인들 중에 나름 화려한 직장 생활을 하고 조기 퇴직한 구직자들의 일반적인 모습이다. 이 경우의 구직자들은 6개월에서 1년 정도 여러 가지 방법으로 일자리를 찾아보고 나서야 새로운 일자리를 구하는 것이 얼마나 어려운 일인지를 깨닫는다. 은퇴자들에게 대기업, 정부 기관과 같은 체계화된 조직의 일자리는 어디에도 존재하지 않는다.

또 다른 50대 베이비부머의 사례를 살펴보자. 그는 대기업과 공기업 근무, 외국 유학 경험 등 화려한 스펙을 소유하고 고액 연봉을 받으면서 직장 생활을 하다가 회사가 어려워져 권고사직을 당해 새로운 일자리를 찾고 있었다.

"18군데의 직장에 이력서를 보내고 몇 군데 면접을 봤지만 일자리를 찾지 못하고 실업자 신세로 살아가고 있습니다. 7개월이 지나는데 이제는 두렵고 걱정만 깊어집니다. 가족을 볼 면목도 없고 친구나 세상과도 멀어지는 듯해서 고통스럽습니다. 방향을 잡을 수가 없습니다. 한밤중에 빈방에서 소주를 마시면서 죽음을 생각하기도 합니다."

이렇게 심경을 토로하는 그는 현재 간간히 막노동을 통해 돈을 벌고 있었다. 두 사례에서처럼 화려한 스펙을 지니고 좋은 직장에서 근무했던 사람들은 대개 은퇴 목표가 없는 경우가 많다. 이것이 사무직 베이비부머 대부분의 현실이자 은퇴 준비 실태이다. 은퇴 준비와 목표가 없는 중장년이 맞이하는 갑작스러운 직장 이탈은 새로운 직장이나 직무 현장에 안착할 수 없게 하고 일자리의 상실은 개인의 문제를 뛰어넘어 가정과 사회의 문제로 연결된다.

갑작스런 실직과 퇴직으로 인한 극도의 심리적 불안과 정신적 스트레스를 동반해 위기의식을 느끼고 심한 경우 자살로 이어지는 경우도 발생한다. 그 여파는 한 가정의 정신적 지주이자 경제를 책임지던 가장의 몰락과 가정 파탄으로 이어진다. 이혼과 청소년 자녀들의 가출 등으로 이어지는 가정 파탄과 사회 문제는 심각한 상태이다. 기업 입장에서도 가계의 소비 부진과 원활한 인력 수급 정책이 어렵고 새로운 투자와 고용 확대가 불가능하다. 국가적으로는 퇴

연령(세)	남녀 전체	남	여
1~9	0.0	0.1	-
10~19	4.5	5.5	3.4
20~29	17.8	21.8	13.4
30~39	27.9	36.6	18.9
40~49	32.4	46.6	17.7
50~59	36.4	55.2	17.4
60~69	37.5	59.8	16.5
70~79	57.6	92.3	32.1
80 이상	78.6	143.4	51.1

2014년 연령별 자살률
(출처: 통계청 / 단위: 인구 10만 명당)

직자 문제, 고용시장 재편 문제, 베이비붐 세대의 은퇴 문제, 노인 및 복지 문제 등 다양한 사항들이 복합적으로 발생해 국가경쟁력을 지속하는 데 어려움을 겪게 된다.

각자가 자신의 재정과 재무적 목표, 현재의 자산과 부채, 소득 상황에 대해 면밀하게 검토한 뒤 은퇴 목표를 설정하는 것이 매우 중요하다. 현재의 재무 상태와 지출 규모를 통한 미래 지출 수요는 개인의 경제적 관점에서 쉽게 분석할 수 있다. 직장인들의 수입과 지출, 자산 규모는 투명하기 때문에 스스로 진단할 수도 있고, 더 심도 있는 재무 설계의 필요성이 있다면 주거래 은행이나 보험 등 금융기관의 재무 설계 프로그램을 활용해 진단이 가능하다.

퇴직과 은퇴의 본질은 갑작스런 소득의 감소 내지 단절로 인해 의식주의 문제, 즉 생존의 문제와 직결된다. 가계 지출을 줄이지 않고 지금처럼 살아간다는 것은 불가능하다. 그러나 대부분의 사람들은 직장에 다닐 때와 같은 라이프스타일을 하루아침에 버리지 못한다. 이것은 은퇴 목표 설정시 고려해야 할 중요한 포인트이다. 퇴직과 동시에 자신에게 맞는 생활수준을 결정해야 한다.

현실적 목표의 구체화

평균수명과 기대수명이 늘어남에 따라 위험 부담은 더욱 커지고 있다. 자녀의 교육과 결혼 문제, 부모님의 의료비와 죽음을 대비하는 문제, 그리고 부부가 생계를 유지하는 문제 등은 연도별 또는 5년, 10년 단위로 재설계되어야 한다. 퇴직 후의 전직과 창업을 통한 예상 수입원을 점검하고, 현재 자산의 재평가와 부동산 처분, 그리고 연금 등 개인적이며 차별적인 해결책을 찾아내야 한다.

물론 나이와 수입, 자산의 규모와 정도에 따라 개인적으로 다양한 상황과 차이가 존재한다. 각 개인이 생각하고 있는 삶의 스타일과 수준 등에 따라 개별적이고 다양한 선택과 은퇴 목표가 설정되어야 하기 때문이다. 재무적 진단을 통해 더 많은 수입이 필요한 경우 새로운 일자리로 연계되어야 할 것이고, 경제적으로 어느 정도 준비된 사람은 건강과 여가에 초점을 두어야 한다. 귀농·귀촌을 꿈꾸거나 사회 공헌을 통한 가치 있는 삶을 선택하는 사람도 있을 것이다.

그러므로 이는 개인적으로 균형 있는 삶의 선택과 가치의 문제이다.

공공기관의 간부였던 사람이나 대기업 임원 출신이 백화점 주차 관리일을 시작하기도 하고, 교장으로 퇴직하신 분이 아파트나 고층 건물 경비로 일하는 경우도 많다. 은퇴 후 일반 기업 사무직 근무를 하다가 기술을 배워 중소기업에 재취업하거나 취미를 살려서 새로운 일이나 창업을 하거나, 책 쓰기나 그림 그리기를 통해 1인 기업가로 성공하는 사람들도 많다. 다양한 분야에서 새롭게 인생 2막을 즐기며 새로운 스토리를 만들어 가는 사람들이 있다. 이런 크고 작은 성공 스토리는 은퇴 목표를 미리 설정하고 차근차근 준비한 결과이다. 오늘날에는 이처럼 자신의 경력과 지식을 업그레이드 시키거나 전문성을 길러서 자신의 일자리 창출은 물론, 타인에게 도움을 주고, 수익도 창출하며 평소 꿈꿔 오던 인생을 만들어 가는 사람들이 늘고 있다.

40~50대 중장년들은 현직에 있을 때 은퇴 목표를 설정하고 준비해야 하지만 직장에 매여 지내면서 은퇴 준비를 하는 것은 그리 쉽지 않다. 전직, 새로운 분야의 공부, 취미와 봉사에 대해 접근하는 것은 생각만큼 쉬운 일이 아니다. 행동하거나 실천하기는 더욱 더 어렵다. 하지만 모든 현실적 어려움에도 불구하고 미리 준비하는 것은 인생 최고의 과제이자 의무이다. 세상의 변화와 취업시장의 변화는 예측이 불가능하다. 그래서 면밀한 연구와 준비를 위해 시간을 투자해야 하고 필요시 전문가들의 도움을 받아야 한다.

목표 없이 인생 2막을 살아갈 자신이 있는지 다시 한 번 생각해 보라. 현실적인 목표를 구체화하고 미래의 위험을 줄이는 자세가 필요하다. 신중하게 각자의 여건과 상황에 맞는 5년 후의 목표, 10년, 20년 후의 목표를 설정하라.

간절함과 절박함으로
이겨 내라

절박함을 넘어 생사의 기로에

"간절하지 않으면 꿈꾸지 마라. 간절히 바라면 반드시 이루어진다. 하지만 그 간절함은 분명하지 않으면 안 된다. 막연한 간절함이 아닌 '반드시 이렇게 하고 싶다', '이렇게 되지 않으면 안 된다'는 의지와 다짐이 분명한 간절함, 먹고 자는 것을 잊을 정도로 간절하게 바라면, 어느 순간 불현듯 자기도 모르게 놀라운 힘을 발휘한다."

세계적인 기업가인 이나모리 가오즈는 그의 저서 『왜 일하는가』에서 이렇게 주장했다. 절박함이란 마감, 시기, 기일 등이 매우 급함을 뜻한다. 직장인이 밥벌이를 위해 다니던 직장에서 물러나 어떻게 살아갈까 하는 것은 절박함이며 가족의 생계와 미래를 책임져야 하는 것은 간절한 상황이다. 미래와 성공을 위해 살아가야 할 직장인에게 간절함과 절박함은 삶의 방향을 정해 줄 것이다.

당신은 지금 무엇을 간절하게 원하고 있는가? 간절하게 꿈꾸는 것이 있는가? 아니면 현 직장에 만족하며 하루하루를 살아가고 있는가?

만약 100세까지 먹고 즐길 수 있는 모든 것이 완벽하게 준비되었다면 그런 간절함이나 절박함이 없을 수도 있다. 그러나 이 시대 대부분의 중장년, 베이비부머들은 다르다. 직장에서 언제 밀려날지 몰라 걱정하는 50대이거나, 자의 또는 타의로 직장을 나와야 하는 30~40대, 그리고 남편의 실직으로 가정의 생계를 이끌어 가야 하는 전업주부나 경력 단절 여성들은 간절함과 절박함을 넘어서 생사의 기로에 서 있다.

현실 상황에 비추어 보면 특별한 대책이나 대안도 없다. 기업의 글로벌 경쟁 상황과 국내외 경제 침체는 장기간 지속될 것으로 전망된다. 직장인 개개인은 하루아침에 오갈 데 없는 신세로, 실업자 신세로 전락할 수 있다. 자동차 판매왕으로 기네스북에 오른 조 지라드는 이렇게 말했다.

"내가 세계에서 제일가는 세일즈맨이 될 수 있었던 원동력은 배고픈 가족을 부양해야 한다는 간절한 마음이었다. 당시 나는 눈앞의 사람과 계약을 체결해 식료품을 사가지고 돌아가야 한다는 생각밖에 없었다. 모든 것은 간절하게 원하면 통한다. 용기는 간절하게 원하는 것을 이루기 위해 취하는 행동이다."

이 말은 아마도 이 시대의 가장인 아버지, 어머니의 심정일 것이다. 우리 부모 세대와 현재 베이비붐 세대들이 어렵고 힘든 세상에서 버티고 살아왔던 이유가 바로 배고픈 가족을 부양해야 한다는 간절한 마음과 자식에게 더 좋은 교육 기회를 주려는 책임감이 아니었던가! 아버지 세대는 전쟁과 폐허 속에서 가족을 먹여 살리겠다는 절박감으로 살아왔다. 이제 대를 이어 베이비부머들이 그와 같은 처지에 서 있다. 가난한 농부와 어부로 그리고 도시의 노동자로 살아온 부모 세대의 간절함과 절박함이 지금의 중장년 베이비부머들의 절박함으로 이어지고 있다.

경력 단절 여성의 취업 성공기

은행의 과장급으로 근무하던 45세 이옥선 씨는 자녀 교육 문제로 명예퇴직을 했다. 대기업에 다니는 남편의 수입도 괜찮아 여유 있게 살 수 있었다. 아이들 학교 뒷바라지를 하면서 여가 활동과 지역 봉사 활동에도 참여하면서 행복한 삶을 살아가던 어느 날, 남편이 교통사고로 갑자기 세상을 떠났다. 충격적인 상황으로 가정의 생계를 책임져야 하는 상황에 눈앞이 깜깜했다. 당장 두 아들의 학비와 생계비와 아파트 대출금을 갚을 방법이 없었다. 살던 집을 팔아 대출금을 상환하고 작은 아파트를 전세로 얻어 이사를 하고 2주일 동안 일어나지 못했다. 충격과 좌절 속에 3개월이 흐른 뒤 정신을 차리고 아이들과 살아야겠다는 생각에 인근 식당에서 홀 서빙과 주방 보조

경력 단절 여성	15~29세	30~39세	40~49세	50~54세
2,139(100.0)	191(8.9)	1,116(52.2)	639(29.9)	192(9.0)

연령대별 경력 단절 여성 규모
(출처: 통계청 / 단위: 천 명, %)

로 일을 시작했다. 저녁 10시가 넘도록 식당에서 일을 하며 월 110만 원을 받으며 1년 정도 일을 해 큰아들이 고등학교를 마쳤다. 힘겨운 노동과 정신적 어려움으로 지치고 건강도 악화되었다. 큰아이가 아르바이트를 하며 생활비를 보탰고, 식당일을 그만두고 세차장에서 파트타임 일을 하면서 새로운 일자리를 찾던 중 인근 여성인력개발센터에 운영하는 여성새로일하기센터 홍보물을 발견하고 상담을 신청했다.

대학을 졸업하고 은행원으로 일을 했지만 자신의 적성과 흥미도 모르고 살았던 경력 단절 여성이었다. 집단 상담을 통해 자신을 발견하고 지금의 절박함과 간절함을 풀어 나갈 방향을 알게 됐다. 세차장에서 파트타임으로 일하면서 여성새로일하기센터의 집단상담 프로그램에 참여해 구체적으로 재취업 준비를 시작했다. 하루 4시간씩 5일 동안 진행된 프로그램이다.

첫째 날: 경력 단절 여성이 새로운 일을 찾는 의미와 취업 로드맵 작성, 경력 단절 여성의 재취업 성공 사례를 통해 성공 요인을 정리했다.

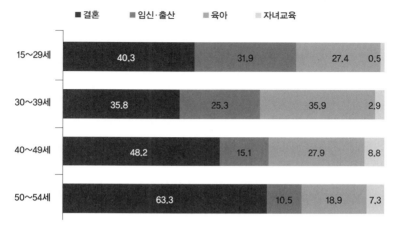

연령대별 경력 단절 사유 현황
(출처: 통계청 / 단위: %)

둘째 날: MBTI를 통해 자신의 성격 유형을 파악해 자신에 대한 객관적 이해와 타인과의 관계 유지, 자신의 강점을 토대로 한 성격유형과 적성을 파악했다.

셋째 날: 직업선호도 검사를 통해 자신의 적성과 직업 흥미 유형을 살펴 자신에 맞는 직업군을 찾아보고, 여성에 적합한 신직업과 이색 직업들을 통해 다양한 직업군의 종사자들을 이해하는 기회를 만들었다.

넷째 날: MBTI 검사와 직업선호도 검사 결과를 토대로 자신의 능력과 가치관 등을 결합해 재취업 분야를 선정하고 이력서와 자기소개서를 작성했다.

다섯째 날: 자신의 장점과 직업 능력을 확인하고 비슷한 유형에서의 성

공 사례를 분석해 자신의 면접 능력을 점검하고 실전 대비 모의 면접과 리허설을 진행했다.

직업큐레이터(진로지도) 교육 과정을 이수하고 동아리를 만들어 강의계획안을 짜고, 강의 자료를 만들며 전문 멘토를 통해 눈물 나도록 강의 연습을 했다. 교육생들과 서로 강의력 향상을 도와주며 수요처를 발굴하는 6개월의 과정이 흘렀다. 고등학교에 들어간 둘째의 학비와 생계비를 벌기 위해 세차장 아르바이트를 한 지 10개월 만에 지역의 중학교와 고등학교 학생들을 위한 직업큐레이터로 일을 하게 되었다. 보수가 많지는 않았지만 보람과 긍지를 가질 수 있는 자신의 일을 찾은 것이다.

두 자녀의 엄마이자 경력 단절 가장 여성의 간절한 꿈은 강사로의 출발이었다. 강사라는 직업은 초반부터 안정적이지 않다. 상담사들의 지속적인 취업 지원과 사후 관리를 통해 동기 교육생들과 꾸준히 강의 스킬과 전문적 지식을 늘리기 위해 노력했다. 강사로 취업에 성공한 그녀는 이렇게 조언한다.

"경력 단절 여성들이 무조건 일자리를 찾아 헤매는 것은 일자리를 찾는 데 도움이 되지 않습니다. 여성새로일하기센터 등 여성 일자리 전문기관을 찾아 전문적인 상담과 교육 그리고 사후관리 서비스를 지원받는 것이 필요합니다. 급하다고 무조건 일자리를 찾아 나

서지 말고, 차분하게 자신을 발견하고 방향을 정하세요. 속도보다 방향이 우선입니다."

자신의 꿈과 마주하라

이 시대의 중년, 경력 단절 여성과 남성 베이비붐 세대에게 간절함이란 무엇일까? 하나는 앞으로 생계를 이어가는 것이다. '직장에서 밀려나 어디로 가나, 가정의 먹고사는 문제를 어떻게 해결하나? 아직도 끝나지 않은 자녀 학업문제, 부모 부양문제' 등 걱정이 밀려온다. 또 다른 간절함은 잃어버린 청춘과 꿈이다. 대단한 성공이나 절대적인 부를 바란 건 아니지만 직장에 충성하느라 잃어버린 청춘과 반환점에 서 있는 자신의 모습이 허무하게 느껴질 것이다.

'무엇을 위해 달려왔는가?'

자신의 꿈을 향한 간절함과 가장으로의 절박함이 40~50대의 어깨를 무겁게 짓누르고 있다. 그것을 이겨 낼 수 있는 힘은 무엇일까?

중장년들은 직장 내에서 조직의 발전과 비전, 회사의 이익을 위해서는 몸을 아끼지 않고 밤낮으로 일했다. 어려운 삶이지만 가족을 위해 이겨 내며, 직장에서 살아남으려고 발버둥쳤다. 그러나 먹고살 만하다는 착각 속에 서 있는 현재의 자리는 외롭고 텅텅 비어 있다. 바로 그때가 승진, 월급, 인간관계 속에 묻혀 버린 간절한 자신의 꿈이 무엇인지 확인하고 다시 꺼내야 할 순간이다. 나 자신과 내 인생을 찾겠다는 간절함이 각자의 인생을 재정립해 주는 새로운 문이자 계단이 될 것이다.

한계와 어려움은 분명히 찾아올 것이다. 하지만 진정으로 바라고 간절하게 바라는 꿈과 목적지가 있다면 떠나라. 바다를 꿈꾸는 사람은 바다로, 산을 꿈꾸는 사람은 산으로, 세계를 꿈꾸는 사람은 세계로 떠나라. 과거의 '나'로부터 떠나 행동하고 실천하라. 간절함과 절박함은 꿈꾸는 곳으로 당신을 인도할 것이다.

시간을 투자하고
가치를 만들어 내는 방법

50세는 이제 인생의 절반

우리나라는 빠른 시간에 경제성장을 이룬 국가 중의 하나이다. 그로 인해 세계 최고 속도로 초고령화 국가로 진입하고 있다. 65세 이상 인구가 7%가 넘으면 고령화사회라고 한다. 우리나라는 2000년에 이미 달성했다. 게다가 2017년에는 고령사회(14%), 2026년에는 초고령사회(20%)로 진입할 것이라 예측하고 있다. 우리나라의 사람들의 평균수명은 82세 정도이고, 1960~1970년대생들의 경우 90세에서 100세까지 살 가능성이 매우 높다고 한다. 직장인 평균 경제은퇴 연령을 52세 전후로 보면 은퇴 후 40~50년 이상 생존해야 하는 시간이 주어지는 셈이다. 은퇴 후 이 긴 시간을 어떻게 가치 있게 보내야 할까?

그리스 철학자 테오프라스토스는 "시간은 인간이 쓸 수 있는 가장 값진 것이다"라고 말했다. 중년의 시간은 전체 삶의 중간 지점이다. 그동안 쓸 수 있는 절반을 쓰고 이제 절반이 남았다. 남은 절반을 어떻게 쓰고 싶은가? 50세 전후해서 직장을 그만두고 나머지 반을 여행을 다니거나 소일거리 하면서 살아갈 수 있는 사람이 얼마나 될까. 전반기 인생은 내 의지가 아닌 세상의 요구에 동조하며 조직의 톱니로 살아왔다. 나머지 인생은 오로지 내 의지대로 내 방식대로 살아가고 싶은 것이 우리의 바람일 것이다. 그러기 위해서는 여성과 남성, 나이를 불문하고 퇴직과 은퇴, 인생 2막, 인생 3막을 준비해야 한다.

이때 먹고사는 것을 포함해 삶의 방향이 정해져 있는가가 중요하다. 은퇴 후에 하루하루 그저 생을 연명하는 것이 아니라 시간을 가치 있게 쓰면서 살고 싶다면 미래를 위한 시간 투자가 중요하다. 어떤 직장이든 어느 시점에는 떠나야 한다. 연극배우가 어떤 배역을 마치면 다음 배역을 찾듯이 인생 2막을 위한 새로운 역할을 위한 준비와 전문성을 지금 준비해야 한다. 출퇴근 시간을 활용한 독서와 퇴근 후의 새로운 공부 그리고 주말의 봉사와 경험을 통해 자신만의 역할과 배역을 찾아야 한다. 나 자신에게 의미가 있는 일은 다른 사람에게 별 의미가 없을 수 있다. 내가 원하는 일과 미래에 투자하고 가치를 만들어 내는 것은 오로지 나의 선택이자 책임이다. 인생에는 정답이 없다. 자신의 미래를 자기 스스로 만들어 가는 것이 가치 있는 투자이다.

주변 동료들을 만나거나 은퇴를 앞둔 사람들을 만나면 모두들 30년이나 일했으니 하루빨리 정리하고 쉬고 싶다고 말한다. 쉬면서 여유롭게 살아가는 것이 희망사항이다. 하지만 그런 생각의 근원은 우리 아버지, 할아버지 세대의 평균수명과 라이프 사이클에서 나온 것이다. 60세를 맞이하는 것을 축하해 주던 과거의 사고방식에서 벗어나 100세 시대에 맞는 삶을 리모델링해야만 한다. 우리가 잘 알고 있는 '솔개'처럼 자기 갱생의 과정을 걸어야 한다. 단순히 생명을 연장하기 위한 것이 아니라 새로운 꿈과 자기 발견의 길이 되어야 한다. 소크라테스는 "성찰하지 않는 인생은 살 가치가 없다"고 말했다. 앞으로 인생 2막을 어떻게 살아갈 것인가를 철저하게 점검하고 돌아봐야 한다.

미래를 준비하라

지금까지 살아온 삶의 방식과 태도는 미래에는 쓸모가 없다. 직위와 계급장은 의미를 상실할 것이고, 돈과 일의 의미도 변할 것이라고 미래학자들은 말한다. 인생 2막은 축구 경기에서 후반전이 곧 시작되는 상황과 같다. 전반전의 스코어를 이어갈 것인가, 후반전에 역전할 것인가? 원점에서 시작해야 하고 기본으로 돌아가야 한다. 앞으로 살아갈, 그리고 다가올 시대는 예상하지 못한 방식으로 전개될 것임이 확실하다.

은퇴와 노화를 당연한 것으로 받아들이며 '어떤 삶이 가치 있는 삶인가?' 그 답을 찾아가는 준비 시간이 필요하다. 정답이나 모범답안은 없다. 어떻게 가치 있는 시간을 만들지 그 방법과 과정은 자기 스스로 찾아야 한다.

미국의 전산학자 알레케어는 "미래를 예측하는 최선의 방법은 미래를 창조하는 것이다"라고 했다. 수많은 발명가와 선지자들은 미래를 개척하며 만들어 왔다. 인생 후반은 어떤 직장에 재취업을 하든 창업이나 1인 기업을 시작하든 나만의 방식으로 '나'의 브랜드와 스토리를 만들어야 생존이 가능하다. 불확실하고 방향을 알 수 없는 시대에 이정표와 나침반을 스스로 만들어야 한다. 물론 어떤 삶을 선택하든 그것은 각자의 몫이다.

나도 30대부터 배움에 대한 다양한 시행착오를 경험했다. 실패한 배움도 있었고, 낭비한 시간도 많았다. 그러나 지금 돌이켜 보면 실패도 역경도 자산이라 생각한다. 직장을 다니면서 대학과 대학원, 공인중개사 등 각종 자격증 취득, 강사 양성 과정을 통한 강사 활동 등 다양한 활동과 배움을 통해 전문성을 쌓았다. 퇴근 후나 주말을 이용한 시간 투자가 지금의 삶을 만들었을 뿐만 아니라 미래를 준비하는 여유도 갖게 했다. 이처럼 많은 시행착오와 작은 성취 경험들은 삶의 방향과 속도를 조절하는 이정표 역할을 해 주었다.

그럼 어떻게 하면 가치 있는 시간을 만들어 낼 수 있을까? 우선 지난 인생을 토대로 내가 간절히 원하는 삶의 그림을 그리는 것이 필요하다. 어린 시절, 가족 관계, 일, 사랑, 돈, 꿈, 행복, 나이듦, 죽음 등 살아오면서 자신만이 간직했던 삶의 의미들을 재점검하라. 그 의미와 가치 위에 진정으로 원하는 것을 정해서 그것들을 이루기 위해 시간을 투자하라. 이것은 생계를 목적으로 살아왔던 지난날을 가치 있는 방향으로 되돌릴 수 있는 기회이기도 하다. 먹고살기 바빠서 정신없이 살아왔던 삶을 잠시 멈추고, 가슴속에 진정 바라는 꿈을 찾아 나서는 전략을 세워야 한다. 꿈과 용기와 행동이 진정한 가치를 만들어 낼 것이다.

은퇴자들의 구직 성공 전략

경력 단절 여성이나 조기 퇴직한 구직자들이 일자리를 얻는 성공 전략은 다음과 같다

첫째 '꿈의 설정'이다. 내가 진정 원하고 바라는 꿈은 무엇일까? 진정한 나의 꿈을 찾는 것이 은퇴 후의 삶의 가치와 방향을 결정한다. 그동안 시간에 쫓기면서 힘들어 했던 자기 자신을 재발견하는 기쁨을 얻을 수 있을 것이다.

둘째 '용기와 자신감'이다. 그동안 자기를 억제하고 세상의 기준에 맞추어 살아왔다. 상처받고 억압당하면서도 생존하려고 몸부림쳤다. 대부분의 직장인이 자존감을 내려놓고 의기소침해진 소심한 샐러리맨이 되었다. 이제는 꿈으로 무장한 나에게 용기와 자신감을 불어넣자.

셋째 '시간을 투자하고 행동하는 것'이다. 꿈이 설정되었고 용기와 자신감으로 무장되었다면 실천하라. 어떤 상황이 오더라도 꿈을 향해 밀고 나가면 언젠가 꿈에 도달할 것이다. 인생 2막은 직장에서 조직이 결정한 것을 수행하는 방식과는 달라야 한다.

자신의 꿈을 스스로 설정하고, 용기와 자신감으로 행동하고, 그 결과에 책임을 져야 한다. 이제부터는 내가 1인 기업이며 CEO이자 실무책임자이다. 모든 결정과 성과는 나에게 달려 있고, 내 가치를 결정하는 것은 나의 책임이다. 당신은 진정한 삶을 찾아가는 시작점에 서 있다.

은퇴 후,
내 인생의 모습을 그려라

미래의 나를 구체적으로 그려 보기

5년 후, 나는 자유를 꿈꾼다. 나의 버킷리스트 중 한 가지는 아내와 세계 여행을 떠나는 것이다. 이미 아내와 약속을 했고 직장을 다니는 아내도 바라는 바이다. 나는 은퇴 준비와 함께 여행 작가 과정을 공부하고 있다. 아내와 카메라 찍는 법도 배울 예정이다. 몇 년 전에 온가족이 미국과 캐나다를 일주할 기회가 있었다. 나는 미국의 한 여행사 직원과 들러야 할 곳, 숙박 및 음식점 등 여행 일정과 스케줄을 직접 짜고 렌터카를 운전해 미국, 캐나다, 멕시코를 여행했다. 그 코스를 5년 후 아내와 함께 다시 여행할 계획을 세우고 있다. 남미와 아프리카도 여행할 계획이다.

하우석의 책 『내 인생 5년 후』에는 "미켈란젤로는 인류 최고의 걸작으로 손꼽히는 시스티나 성당 벽화를 완성하는 데 5년이 걸렸다. 셰익스피어가 인류 불멸의 문학 작품으로 평가받는 4대 비극을 완성하는 데도 5년이 걸렸다. 콜럼버스가 신대륙을 발견하기까지도 5년이 걸렸다. 김연아가 시니어 대회 첫 우승에서부터 올림픽 금메달을 목에 걸기까지도 5년이 걸렸다. 창업 후 성공적으로 시장에 진입한 기업들은 모두 5년을 버틴 결과였다"라는 내용이 나온다. 인생에서 성실을 동반한 전략적 5년은 전문가가 되기 위한 최적의 시간이라는 것이다. 당신은 5년 후 자신의 모습이 떠오르는가? 구체적이고 전략적으로 10년 후를 만들어 가고 있는가? 아니면 목적 없이 살아가면서 미래의 삶은 그때 가서 생각할 것이라고 말하고 있는가?

5년 후, 10년 후의 자기 자신의 모습을 그려 보라. 직장에서 벗어나 어떤 새로운 일을 할 수도 있다. 자기가 즐기면서 보람을 느낄 수 있는 일에 열과 성을 다하는 미래의 모습을 상상해 보라. 생활수준과 모습도 그려 보라. 나름의 생계를 유지하며 살아가고 있는 모습을 그릴 수 있는가?

자전거 바퀴는 보통 쇠 바퀴살과 타이어, 바퀴 테로 구성되어 있다. 이 한 쌍을 휠셋(wheelset)이라 부른다. 바퀴 테는 바퀴의 원을 이루는 둥근 쇠이다. 어린 시절에 타이어를 제거하고 굴렁쇠로 사용했던 것이 기억날 것이다. 바퀴의 테를 잘 지탱하기 위해 바퀴의 원을 중심으로 수많은 바퀴살이 이어져 있다. 자전거 바퀴가 제대로 굴러가기 위해서는 원둘레가 찌그러지면 안 된다. 은퇴 후의 삶은 자전거 바퀴와 같다. 의식주를 해결할 돈과 평생 직업, 건강과 취미·여가, 가족 구성원과의 관계와 친구 관계, 사회봉사나 공헌, 종교활동 등 바퀴를 구성하고 지탱하는 바퀴살들이 팽팽하게 원을 이루고 있어야 한다. 원의 크고 작음보다도 원의 모양이 더욱 중요하다. 바퀴살 하나가 부러지면 원을 유지할 수 없고 굴러가지 않는다. 자꾸 쓰러지고 이리저리 우왕좌왕 헤맬 것이다. 급기야는 구르는 것을 멈출 수도 있다.

당신이 5년 후, 자신의 인생 2막 올림픽에 출전할 선수라고 가정해 보라. 금메달을 목에 걸기 위해 '내 인생의 선수촌'에 들어가 당장 준비와 훈련에 돌입해 피와 땀을 흘려야 한다. 세계적인 동기부여가 찰스 존스는 "지금부터 5년 후의 내 모습은 두 가지에 의해 결정된다. 지금 읽고 있는 책과 요즘 시간을 함께 보내는 사람들이 누구인가 하는 것이다. 직접 사람을 만나거나 책을 통하든 아무도 만나지 않는다면, 5년 후에도 당신은 지금과 똑같은 사람으로 남아 있을 것이다"라고 말했다.

스스로 만들어 가는 미래

직장에서 쫓겨나건 밀려나건, 스스로 나오건 간에 우리에게 '나이는 중요하지 않다.' 나이 들었다고 움츠려 들거나, 뒤로 물러나거나, 숨어 있으면 그 누구도 알아주지 않는다. 오직 나의 열정과 나의 목표를 소중하게 존중하고 인정하게 만들어야 한다.

화가이자 정치가인 칼렙 빙엄은 "많은 사람들이 지난날에 대해 칭찬한다. 늙은 사람이 젊은 시절을, 약한 사람이 강했던 시절을, 아픈 삶이 건강했던 시절을, 그리고 좌절 속에 있는 사람이 희망으로 가득했던 시절을 찬미하는 것은 당연한 일이다"라고 했다. 대부분의 사람들처럼 은퇴 후에 과거의 잘나가던 일들만 노래하고 있을 것인가? 사오정, 오륙도라는 말에 신경 쓰면서 허송세월을 보낼 시간은 없다. 그럴 시간이 있으면 책을 읽거나, 배움에 참가하거나, 멘토를 찾아 나서라. 내가 올바로 서지 않으면 가족들도 돌아서 결국 사회와 가정에서 외톨이 신세가 되고 만다.

나는 개인적으로 34년의 지난 직장 생활을 후회하지는 않지만 아쉬움은 남는다. 밤낮없이 청춘을 바친 과거의 삶, 경쟁과 부지런함만으로 살아온 지난 50년의 시간은 앞도 옆도 보지 못하고 살아온 날이었다. 남아 있는 인생 2막은 내가 하고 싶은 일을 찾아 즐기고 싶다. 그동안 삶의 여행이 패키지여행이었다면 인생 2막 여행은 자유여행을 하고 싶다. '나' 자신을 찾아나서는 여행으로 만들고 싶다. 인생 후반은 내가 주인이 되어 성과가 적든 크든, 내가 만들고 이루는 삶을 살아 볼 것이다. 은퇴란 그동안 살아왔던 직장을 떠나 새로운 직장이나 새로운 직업으로 옮기는 것이 아니라, 내가 살아온 과거의 생각과 편견을 버리고 내 가슴이 바라는 꿈의 세계로 떠나야 진정한 은퇴 여행이 될 것이다.

3장

은퇴하는 남편,
일을 찾는 아내

낭떠러지에서
희망을 찾다

살다 보면 실패와 좌절로 세상의 낭떠러지에 홀로 서게 되는 순간을 맞이한다. 특히 신체적으로 건강하고 일을 하고자 하는 의욕도 있지만 일자리가 없거나 사업에 실패했을 때 우리는 시련과 마주한다. 20년 이상 일하던 직장에서 자의 반 타의 반으로 밀려나는 것이 오늘날 중년 남자들의 현실이다.

그동안 가족을 위해 헌신적으로 몸을 던졌던 남편이자 가장들이 직장에서 밀려나고 그 빈자리를 매우기 위해 출산과 양육, 가사 때문에 자신의 경력을 버렸던 아내들이 일자리를 찾아 나서고 있다. 은퇴 후의 어려움은 부부 공동의 문제이고 가족에게 중대한 영향을 미친다. 그러므로 인생 2막을 위한 준비는 가족 모두가 함께 해야 한다.

필요 없는 인간이라는 절망감에 빠지다 _ 57세 남성

김동남 씨는 2011년 대기업 기술직에서 퇴직을 한 후 창업을 위해 3년간 준비와 투자를 했지만 실패했다. 사업 실패 후 생계를 위해 생산 현장에 재취업을 하려고 기술직 양성교육과정을 마치고 일자리를 찾아 나섰다. 기술을 배웠지만 현장에서 요구하는 실전 기술과 교육의 차이는 너무 컸다. 지푸라기라도 잡는 심정으로 생산 기술 관련 업체에 일자리를 알아봤다. 워크넷, 잡코리아 등 여기저기 취업 관련 기관을 검색하다 찾은 곳이 '중장년일자리희망센터'였다.

사무직과 생산직에 지원해 여러 차례 떨어지고 1차 면접을 통과하더라도 2차 면접에서 떨어지기를 반복했다. 낙담한 그는 이렇게 말했다.

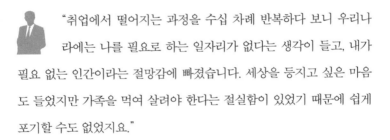

"취업에서 떨어지는 과정을 수십 차례 반복하다 보니 우리나라에는 나를 필요로 하는 일자리가 없다는 생각이 들고, 내가 필요 없는 인간이라는 절망감에 빠졌습니다. 세상을 등지고 싶은 마음도 들었지만 가족을 먹여 살려야 한다는 절실함이 있었기 때문에 쉽게 포기할 수도 없었지요."

그는 경기도 소재 '일자리센터'와 '중장년일자리희망센터'를 찾아 이력서와 자기소개서 작성과 면접 스킬을 지도받았다. 정부와 지방자치단체에서 운영하는 다양한 취업 지원센터에서는 나름대로

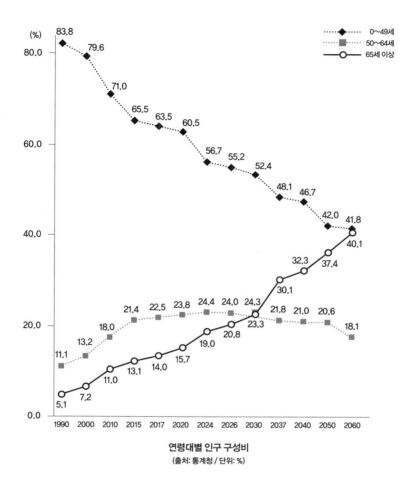

(%)													

연령대별 인구 구성비
(출처: 통계청 / 단위: %)

- ····◆···· 0~49세
- ····■···· 50~64세
- ──○── 65세 이상

일자리를 원하는 구직자와 일자리의 미스매칭 원인을 분석해 취업 지원을 한다는 장점이 있다. 게다가 이력서와 자기소개서 등을 면밀히 분석해 재취업을 지원하는 네트워크를 관리·운영하고 있다.

20여 곳에 이력서를 제출하고 일주일이 지난 후 기대하지도 않았던 회사에서 연락이 왔다. 면접 날짜를 통보받고 면접을 통과해 채용되었다. 중견 회사의 인사 부장은 이렇게 말한다.

"중장년 일자리는 대개 스펙이 좋은 구직자들이 경쟁합니다. 전 직장에서 퇴직 시까지 사무직 관리자가 아닌 실무 기술 업무 중심으로 일한 경험자를 활용하려는 회사는 많이 있습니다. 중소기업에서는 젊은 직원에게 현장 기술 전수 및 관리 역할을 기대하고 기술 분야의 경력 직원을 채용하지요."

이 말에서 알 수 있듯이 실무 중심의 기술이 있으면 새로운 직장에서 인생 2막을 찾을 가능성이 높다.

27년간 주부로만 살아오다 _ 50대 후반 여성

이경자 씨는 남편의 갑작스런 실직으로 경제적으로 어려운 상황에 처하게 되어 가족의 생계 유지를 위해 일자리를 찾아 나섰다. 그녀는 남편의 폭력으로 인해 대인관계에 대한 두려움과 자신에 대한 상실감으로 우울증을 앓고 있었다. 나이 많고 자신감 없는 경력 단절 여성이 일자리를 구한다는 것은 정말 하늘의 별따기 이상으로 힘든 일이다.

이경자 씨는 주부로 27년간 살아왔고 특별한 학력이나 기술도 없었다. 6년간 우울증과 치매로 고생하다 돌아가신 친정어머니를 하늘로 보내고 희망과 꿈도 없이 매일 슬픔과 눈물로 보냈다. 게다가 가난과 가정폭력으로 인해 육체도 정신도 망가져 있는 상태였다.

　그녀는 막막한 마음으로 일을 시작하기 위해 '여성새로일하기센터'를 방문했다. 그리고 가정폭력 상담과 일자리 상담을 통해 상처를 조금씩 치유하며 안정을 찾았다. 또한 센터의 도움을 받아 용기를 내어 구직 활동도 시작했다. 3년 전 남편이 직장에서 어려움을 겪고 있을 때 준비했던 요양보호사 자격증이 유일한 돌파구였다. 인근 병원에서 파트타임으로 일한 경력과 우울증과 치매에 걸렸던 어머니를 간병한 경험을 듣고 직업상담사가 재가요양보호사를 추천했다. 요양센터와 노인복지관 등에 취업을 시도했으나 쉽지 않아 좌절과 포기를 거듭했다. 그러다 보니 스스로 목숨을 끊을 생각도 했다. 그러던 중 집 근처의 노인방문요양센터에서 오후 2시부터 6시까지 하는 시간제 일자리를 추천받고 일단 일을 시작했다. 일을 하면서 더욱 꿈을 향해 도전하겠다는 의지도 다졌다.

　이경자 씨를 채용한 노인방문요양센터장은 "여러 가지 복잡한 문제가 있어 보이지만 당사자의 취업 의지가 강하고 현재 상황의 절박함과 간절함을 감안해 적극적으로 채용했다"고 말했다.

　이 사례에서처럼 취업은 혼자 할 수 없다. 이 경우도 여성일자리센터 직업상담사들의 헌신적인 노력과 구인업체의 이해관계가 맞아떨어졌기 때문에 가능했다. 특히 구직자인 경력 단절 여성의 의지와 노력이 가장 중요하다. 오랫동안 직장을 다니고 가정을 위해 헌신하던 퇴직 남편과 가사와 육아를 위해 경력 단절이 되었던 아내의 일자리 찾기 전쟁은 당분간 지속될 것이다. 해를 더해 가며 변해 가는 인구 구조와 늘어난 평균 수명을 살아가기 위해 자립과 희망의 일자리를 찾아 나서는 중장년과 경력 단절 아내들의 도전은 계속되고 있다.

협동조합과 사회적기업의 성공 사례

육아와 가사로 인해 경력이 단절된 여성들이 일자리를 구할 때는 다양한 이유가 걸림돌이 되어 쉽지 않다. 최근에는 사회적 일자리가 트렌드라 협동조합이나 사회적기업의 설립이 활발하다. 특히 고학력 경력 단절 여성의 경우에는 홀로 일자리를 찾거나 창업을 하기보다는, 여성들이 선호하는 강사 또는 상담사 일을 위해 협동조합을 통한 일자리 창출이 성공적이고 효과적이다.

성공적인 '하다 협동조합' _46세 여성

12년 동안 어학원에서 학부모 상담 및 기획 총괄 업무 등을 담당했던 김영애 씨는 어학원의 경영 사정이 악화되어 직장을 그만두면서 경력이 단절됐다. 다시 일자리를 찾기 위해 관련 분야의 교육을 알아보던 중 고양시 '여성새로일하기센터'를 방문했다. 상담 후 '현장 직업체험투어 전문가' 과정을 안내받고 지원해 몇 개월을 기다려 최종 면접을 통해 선발되었다. 고용노동부 지역맞춤형 일자리창출 지원사업인 2개월 과정의 '현장직업체험투어전문가 양성과정' 기간 동안 직업큐레이터로 갖추어야 하는 지식과 실무, 직업세계, 심리상담, 기획안 작성, PPT, 동영상제작 등 현장직업체험전문가로서 필요한 많은 강의들을 이수했다.

수료 후에는 10회에 걸친 '인턴십' 과정에 지원해 현장 적응 능력을 습득했고, 직업큐레이터 자격증도 취득했다. 직업체험 강사들이 모여 협동조합을 구성하고자 하는 뜻이 있어 2014년도 '경기도 경력 단절 여성 디딤돌 취업 지원사업'으로 연계해 협동조합을 만들기 위해 7명의 수료생과 함께 지원을 받아 고양시 여성 최초로 '하다 협동조합'을 설립했다. '하다 협동조합'은 직업체험, 진로탐색, 진로캠프, 진로지도 등 청소년들의 직업체험 프로그램을 기획 및 개발해 진로설계를 지원하는 사업을 하고 있으며, 2015년에도 계속 지원을 받아 직업큐레이터와 상담사로 배움과 경험을 쌓아 나가고 있다. 이 경우처럼 혼자보다는 사회적기업 운영을 고려해 보는 것도 좋은 기회가 될 것이다.

2015년 초에는 고양시 일산동구 강성로에 직업체험 카페를 오픈해 지역 주민과 청소년 모두 참여할 수 있도록 하고 있으며, 4월에는 고양체육관에서 열린 청년드림JOB페스티벌에 청소년 직업체험 부스를 열었고, 초·중·고교 및 유치원, 도서관 등에서 직업체험 강의를 진행하고 있다. 게다가 일산 킨텍스 제2전시관 내의 디오라마 전시관인 '아임 리틀(기차모형 미니어쳐 전시)'에서는 직업체험관을 단독으로 운영하고 있다. '하다 협동조합'은 '함께'라는 말의 소중함을 알고 초심을 잃지 않으려는 마음이 남들보다 한 걸음 앞서가게 한 원동력이 되었다. 경력 단절 여성이 강사나 상담 분야를 희망하면 혼자보다는 협동조합이나 사회적기업을 고려해 보는 것도 좋다.

전문 상담사로 변신한 여성들

과천시의 '나유'라는 미술치료상담사 동아리 3기 6명은 2014년 전반기(4월 4일~5월 30일), 후반기(9월 19일~11월 14일) 매주 금요일 2시간씩 전·후반기 각 8회, 총 32시간을 지역 어린이집 만 4~6세 발달지연아동 12명을 대상으로 일을 시작했다. '나유' 동아리는 과천 지역 미술심리치료에 관심 있는 여성들로 이루어진 여성동아리로 '나를 들여다보는 미술 치유 동아리'라고 이름 짓고 2009년 12월 시작되었다. 과천시 여성비전센터의 지원으로 기초, 심화과정의 수업을 수강한 1기 회원들의 재능 나눔으로 시작된 관내 무료 워크숍과 평생학습축제의 체험프로그램에 참여하면서 처음 미술치료 상담 분야에 관심을 갖고 동아리를 운영했다. 그러나 심리상담이라는 전문 분야와 결합된 동아리 특성상 바로 취업으로 연결되기에는 무리가 있어 재교육과 지속적인 투자가 필요했다. 그러던 중 여성비전센터의 2014년 경기도 디딤돌사업에 참여함으로써 지역의 어린이집 발달지연 아이들을 만날 수 있는 기회를 얻게 되었다. 이론으로만 배웠던 미술치료를 실제 사례에 적용하면서 전문가의 피드백과 함께 상담 능력과 스킬을 키웠다. 스스로 개발한 강의 프로그램을 프리젠테이션하고 전문 멘토들의 지도와 평가를 통해 현장 전문가로 거듭나는 경험을 쌓았다. 교육 → 프로그램 제작 → 멘토들의 지도 → 실제 경험 → 피드백 및 평가를 통해 학습동아리는 협동조합으로 바뀌었고, 경력 단절 여성들은 전문상담사로 새롭게 태어났다.

아마 혼자였다면 오랫동안 녹슨 능력을 개발하기에 시간이 많이 걸리고 자신감도 떨어졌을 것이다. 하지만 동아리로 출발해 전문가의 지도와 지역사회 연계 시스템으로 전문성을 키워 강사와 상담사로 변신해 당당하게 살아가게 되었다.

협동조합 결성에 참여했던 전문가는 다음과 같이 조언한다.

"경력 단절 여성들은 사회에 나가 열정으로 지역사회를 위해 중요한 일자리를 만들 수 있고, 경험을 통해 전문 영역의 일을 해나가면서 동시에 경력 개발도 할 수 있습니다. 과천시의 미술치료상담사 동아리 '나유'는 전문가로 성장해 나아가는 길에 큰 장애물과 어려움들을 극복한 좋은 사례이지요. 경력 단절 여성들은 사례와 같이 경력 단절 후 기초교육 → 심화교육 → 동아리 구성 → 협동조합 구성 운영 등 국가나 지방자치단체의 지원 사업에 적극 참여해 기회를 잡기를 바랍니다."

자격증과 기술은
기회를 준다

우리나라의 베이비붐 세대는 720만 명이다. 대부분이 산업사회를 이끌었던 우리 사회의 중심 세력이었고 이제 현장에서 밀려나와 새로운 일자리를 놓고 치열한 경쟁을 벌이고 있다. 대학을 나와 대기업, 공기업, 금융 등 사무직에서 화려한 경력과 직위를 소유했던 부류와 기술 및 산업 분야에서 일을 하다 직장에서 퇴직하는 경우가 대부분이다. 특히나 사무직으로 일하다 퇴직한 베이비부머들은 재취업을 하는 것이 쉽지 않다. 사무직 및 관리직은 일자리 선택의 폭이 좁다.

기술과 땀은 미래의 블루오션 _58세 남성

이성용 씨는 28년간 은행에 근무하다 4년 전 지점장을 끝으로 자의 반 타의 반으로 퇴직했다. 평생을 헌신해 근무했던 직장에 대한 배신감과 원망에 스트레스로 육체적·정신적 고통에 시달렸다. 억대 연봉자에서 갑작스럽게 경력 단절이 되었고 퇴직금 일부는 융자금 상환으로 쓰고 나니 남은 현금도 금세 바닥났다. 막상 퇴직을 하고 나니 무엇을 해서 생계를 유지하고 노후를 보낼까 방향을 잡을 수 없었다. 사무직으로 직장 생활을 한 것이 경력의 전부였다. 은행 경력이 필요한 곳은 거의 없었다.

실업자로 할 일 없이 소일을 하던 중 답답함을 달래려고 도시 외곽으로 나갔다가 전원주택 공사장에서 60세가 넘은 분이 굴삭기로 무너진 담을 정비하고 있는 모습을 보았다. 잠시 쉬는 시간을 이용해 이성용 씨는 그와 대화를 나누었다.

"26년 동안 기업에 간부로 직장 생활을 하다가 5년 전에 권고 사직을 당했습니다. 우여곡절을 겪으면서 굴삭기 운전 기술과 지게차 운전기사 자격증을 따서 지금은 프리랜서로 일하지요. 일거리도 늘고 여기저기서 찾는 사람이 많아 한 달에 평균 250만 원 정도 수입을 올리고 있습니다. 건강에도 좋고, 땀 흘리며 일하며 정신적 건강도 찾았고 70살이 넘을 때까지 일할 겁니다."

건강미가 넘치는 60세 은퇴자의 자신감을 느낄 수 있는 말이었다. 돌아오는 길에 이성용 씨는 '기술이 있으면 남은 삶을 잘 보낼 수 있겠다'는 생각으로 굴삭기 자격증을 준비하기로 마음먹고, 지인을 통해 중장비학원에 등록했다. 굴삭기 3톤 이하는 무시험으로 조종사 면허를 얻을 수 있었다. 학원에서 학과 6시간, 실기 6시간 2일 교육 과정에 40만 원 정도 학원비만 들이면 자격증을 딸 수 있다. 고용보험의 내일배움카드를 발급받으면 학원비를 개인이 부담하지 않아도 되는 제도도 있었다. 3톤 이상은 기능사 자격이기 때문에 필기시험과 실기시험으로 나뉜다. 자동차 운전면허처럼 개별적으로 필기시험을 준비해 합격하면, 중장비학원에서 실습 10시간에 100만 원 정도의 비용을 투자하면 자격증을 딸 수 있다.

이성용 씨는 3톤 이상 자격증을 획득해 지금은 농촌 지역의 귀농·귀촌자들의 주택 건설과 농지 작업을 하고 있다. 요즘은 귀농·귀촌자들이 많이 늘어나고 도시 외곽의 농토와 과수원에 일거리가 많아 찾는 사람이 늘어나 바쁘게 일하고 있다. 그는 이렇게 조언한다.

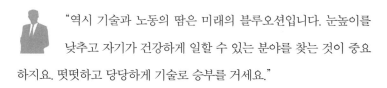

"역시 기술과 노동의 땀은 미래의 블루오션입니다. 눈높이를 낮추고 자기가 건강하게 일할 수 있는 분야를 찾는 것이 중요하지요. 떳떳하고 당당하게 기술로 승부를 거세요."

건강하지 않은 사무직으로 많은 돈을 벌기보다는 오랫동안 건강하게 일할 수 있는 기술을 갖는 것이 더욱 행복하다고 많은 은퇴자들은 말한다.

배움은 인생 2막의
새로운 출발선

세상을 살아가기 위해서 인간은 끊임없이 배워야 한다. 새로운 인생의 전환점에서 포기하지 않고 공부하면 성공할 수 있다. 오랜 기간 동안 직장 경험 없이 경력 단절이 되었던 여성들과 20~30년 동안 한 직장에서 일을 하다가 일터를 떠나 새로운 인생을 준비하는 은퇴자들에게 새로운 시작을 위한 배움과 실전 경험은 인생 2막을 살아가는 데에 귀중한 자산이 된다.

남편의 아픈 가슴을 감싸는 아내의 역할 _45세 여성

박인애 씨는 결혼 후 직장 생활을 하면서 첫째아이의 육아를 시어머니에게 의존했다. 가족과 아이에게 미안한 마음과 일과 가사 양쪽 모두 잘해야 한다는 부담감이 커지자 둘째아이를 계획하면서 육아

에 전념하기 위해 30대 후반에 직장을 그만두었다. 경력 단절 기간이 길어질수록 미래에 대한 불안감과 걱정으로 그녀는 더욱 위축되어 갔다. 남편은 회사 사정이 좋지 않아 매일매일 스트레스와 걱정이 늘어가고 있었다.

"당당하게 일하며 행복한 엄마의 모습을 보여 주는 것도 아이들에게 중요하다"는 생각으로 2년 전부터 가사와 육아에 전념하던 시간을 쪼개 재취업 준비를 시작했다. 원점에서 다시 시작한다는 생각으로 자신에게 맞는 직업이 무엇인지 찾다가 직업상담사라는 직업을 알고 자격증 취득에 도전했다. 가사와 육아를 병행하며 많은 시간을 투자할 수 없는 상황이었지만 시간을 쪼개어 인터넷 강의를 듣고 기출 문제와 전문서적을 읽으며 도전을 시작했다.

새로운 분야이자 어려운 상담 분야를 독학으로 공부한다는 것은 쉬운 일이 아니었다. 힘겨운 과정을 겪던 중 아파트 게시판에 지역 여성인력개발센터에서 진행하는 직업상담사 무료교육훈련생모집 안내문을 발견했다. 처음에는 전화해서 문의하는 것조차 두려웠다. 상담을 받기 위해 여성인력개발센터를 방문했을 때만 해도 자신을 믿을 수가 없었다. 교육훈련생이 되어 센터의 상담 → 교육 → 인턴 → 사후관리 등 여러 서비스를 받으면서 동료 여성들과 즐거운 마음으로 열심히 공부를 했다. 박인애 씨는 경력 단절 여성을 위한 좋은 프로그램을 운영하는 여성인력개발기관을 알게 되어 다행이라고 말하며 이렇게 덧붙였다.

"가사와 아이들 뒷바라지에 공부할 시간이 없다고 말하는 분들에게 이렇게 말하고 싶습니다. 배움은 새로운 시작의 첫걸음입니다. 당당하게 아이들을 키우고 자신감 넘치는 엄마의 모습을 보여줘야 해요. 직장에서 밀려나는 남편들의 아픈 가슴을 아내들이 감싸야합니다. 인생 2막은 부부가 함께 준비해야 한다고 생각합니다."

그녀는 여러 핑계와 게으름을 떨치고 멋진 엄마이자 당당한 여성으로 변신하기 위해 힘겨운 노력을 했고, 새벽잠을 이기며 직업상담사 자격증에 도전해 결국 목표를 이루었다. 가사와 육아를 병행하며 자격증 공부를 하는 것은 쉬운 일이 아니었다. 경력 단절을 벗어나기 위한 노력과 재취업을 준비했던 과정은 인생에서 값지고 의미있는 경험이자 성취감을 맛본 귀중한 시간이었다. 지금은 직장과 가정에서 더욱 부지런하게 바쁜 일상을 즐겁게 보내고 있다. 현재 일자리센터에서 직업상담사로 일하고 있는 박인애 씨는 "사회의 일원으로 자신의 가치를 실현하는 것이 너무 행복하다. 엄마가 행복해야 가정과 사회가 행복하다"고 말한다.

이주 여성의 어려움을 극복하다 _32세 여성

이하란 씨는 결혼 이민 여성이라 문화와 언어 문제로 일반 회사에서 채용을 꺼려 취업이 매우 어려웠다. 어린 자녀들을 양육하기 때문에 시간제 일자리를 찾으려 했으나 적절한 시간대를 찾기가 쉽지 않았다. 생활비라도 보태야겠다는 마음으로 지역의 여성새로일하기센터를 찾았다. 직업상담사가 한식조리사 자격증을 획득하면 어린이집 조리사로 취업할 수 있고, 근무 시간이 타 직종보다 짧아서 파트타임 근무가 가능할 것이라고 추천했다. 한 달 정도 곰곰이 생각한 후, 한식조리사 직업훈련과정을 신청해 무료로 교육을 받고, 중장년 재취업프로그램을 통해 자신감을 얻었다. 어렵지만 시간을 내서 5일 하루 4시간씩 총 20시간의 교육을 마쳤다.

막상 시작하고 보니 어려운 것은 요리가 아니었다. 한국어가 서툴렀기 때문에 필기시험에 통과하는 것이 어려웠다. 수험서를 봐도 무슨 말인지 몰라 무작정 외우려고 노력했으나 결코 쉬운 일이 아니었다. 그러나 필기시험을 통과해야만 실기시험을 볼 수 있기에 꼭 합격을 해야만 했다. 집에 돌아오면 아이들을 돌보느라 제대로 공부할 수가 없었다. 아이들을 재우고 10시 넘어서 어려운 한국어로 된 책을 읽다가 지쳐 잠드는 경우가 많았다. 그러다 보니 6번이나 시험에 떨어졌다. 7번째 간신히 필기시험에 합격했으나 이어지는 실기시험에서도 언어 문제 때문에 쉽지 않았다.

여러 번 포기하고 싶은 유혹에 빠졌으나 상담사들의 도움과 지원으로 힘을 냈다. 인터넷과 동영상 강의를 수차례 듣고, 여성새로일하기센터 직업상담사의 지원과 도움을 받으며 실기시험 연습을 했다. 독학으로 실기시험을 준비하고 시험을 치렀지만 역시나 불합격이었다. 2번의 불합격을 경험하고 계속 도전해 결국 3번째 실기시험에 합격했다. 그녀는 아이들과 남편의 격려와 축하에 눈물을 흘리며 지난날의 어려움과 힘겨움을 극복하고 '나도 할 수 있다'는 새로운 도전정신과 기쁨을 맛보았다.

"무엇이든 의지와 노력만 있으면 누구든지 꿈을 이룰 수 있다고 믿습니다. 배움과 현장 경험을 할 수 있는 다양한 기관을 이용하는 것이 효과적입니다. 여성새로일하기센터의 인턴십 제도도 경력 개발에 많은 도움이 되었어요. 이주 여성의 어려움을 극복하고 사회에 소중한 사람으로 기여하며 행복하게 살고 싶습니다. 앞으로 능력 있는 요리사로 탄생하기 위해 노력할 것입니다."

그녀는 그동안 지원과 도움을 아끼지 않았던 상담사들과 동료 수강생들에게 매우 고마워했다. 지금은 가까운 보육 시설에서 조리사로 열심히 일하고 있다.

끊임없는 배움과 도전으로 이룬 재취업 _48세 여성

이영아 씨는 15년 전에 아이들을 키우기 위해 10년간 근무하던 대형 입시학원을 그만두면서 경력 단절 여성이 되었다. 새로운 일자리를 찾기 위해 2년 전 요양보호사 자격증도 취득해 꾸준하게 구직 활동을 했다. 그녀는 입시학원 데스크 상담 경험을 살려 학원의 인사 관련 사무직이나 서비스 상담일을 하고 싶었다. 전자대리점 상담원과 은행의 시간제 또는 학원의 사무직에 이력서와 구직신청서를 제출했으나 경력 단절 기간이 길고 50대를 바라보는 나이라는 이유 때문에 업체에서 꺼려 여러 차례 불합격을 경험했다. 그러던 중 2014년 7월에 자치단체에서 운영하는 노인복지관에서 시간제 자활지원관리사 모집공고가 있어 지원했다.

하루 4~5시간의 시간제 근무로 급여가 월 65만 원 정도였지만 사회 경험을 쌓기 위해 일을 시작했다. 당시 이영아 씨는 이혼 소송 중이었고, 남편과 별거 중이라 스스로 자립해 생계를 유지해야 하는 절박한 실정이었다. 아르바이트로 인근 학원의 데스크 상담일을 병행하면서 경력 단절로 잃은 직장 생활의 감을 찾아 나갔다. 경력 단절 기간이 길수록 컴퓨터 능력, 인간관계, 대화 수준 등 직장 생활을 하는 데 여러 가지 어려움이 있다. 그녀는 요양보호사 시간제 일을 하면서 취업 준비를 병행했고, 하루도 빠지지 않고 관련 도서와 신문을 정독하며 세상의 흐름을 이해하려 노력했다. 요양보호사의 태도와 자세를 이해하고 요양보호 대상자와 그 가족의 입장이 무엇인지 정리하면서 정규직 일자리 공고를 기다렸다.

컴퓨터를 잘 다루지 못하는 것이 두렵고 걱정이 되어 면접에 어떻게 대처할까 고민을 많이 했고 밤잠을 설치기도 했다. 여성새로일하기센터 상담사들이 면접 시 복장, 기본적인 면접 예상 질문들, 특히 업무와 관련된 질문에 답변을 할 수 있도록 해당 업무의 핵심이 무엇인지 집중적인 모의면접을 진행해 주었다. 컴퓨터 활용능력에 대해 걱정하자 여성새로일하기센터 엑셀 강좌나 컴퓨터 학원에서 수강을 한 후 면접에 임하도록 조언을 받았다. 면접에서는 자료 입력과 관리 등 컴퓨터로 일을 잘할 수 있다고 자신 있게 이야기했고, 그 말에 책임지기 위해 합격자 발표 때까지 학원에서 엑셀과 컴퓨터 활용능력을 익혔다.

결과는 합격이었다. 무려 12대 1의 바늘구멍과도 같은 재취업 문을 통과한 것이다. 나중에 확인한 바로는 지원자가 역대 가장 많았으며 화려한 스펙의 소유자들이 지원했다고 한다. 지원자의 대부분이 사회복지사와 요양보호사 자격증 보유자였다. 그녀는 굉장히 만족하고 행복한 표정으로 말했다.

 "아직은 엑셀이나 컴퓨터 사용이 능숙하지 않지만 계속 학원을 다니면서 열심히 할 계획입니다. 컴퓨터 활용능력 자격증을 취득해 멀티 사무직원으로 오래도록 일하고 싶어요."

지금 그녀는 엑셀과 컴퓨터 활용능력으로 관리사무실에서 행정 업무 담당으로 발령을 받아 그녀가 원하던 사무직과 서비스 업무를 맡고 있다.

현실의 나를 돌아보며 자신감을 얻다

미리 두려워하지 마라

중년 남성이 퇴직을 해 경력 단절이 되는 것은 인생의 실패가 아니다. 또 다른 배움과 성공으로 가는 길이자 여정이다. 실패한 여행은 없다. 모두 다 소중한 경험이다.

지점장 출신인 54세 김영태 씨는 이렇게 말한다.

 "지난 2월 S은행에 근무하다가 직장을 나왔습니다. 직장을 그만두고 6개월 동안은 방황하며 자살까지 시도했었죠. 27년간 근무한 직장이 원망스럽고 내 자신이 별 볼 일 없이 느껴지더군요. 6개월이 지나니 이렇게는 살 수 없다는 생각이 들어서 고용노동부와 지자체에서 운영하는 각종 교육에 참여했습니다. 1년 정도 지나고 나니 나 자신을 점점 발견하는 것 같더라고요. 교육을 통해 단기적으로는 재취업을 해서 소득을 만들고, 중장기적으로는 내가 하고 싶은 분야의 배움과 경험을 통해 나의 일을 할 계획입니다. 현재는 대체로 잘 되어가고 있습니다."

퇴직하거나 은퇴한다면 '무엇을 할까, 어떤 것을 할까'에 대한 답은 스스로 찾아야 한다. 화려했던 직장 생활은 잊고 자신의 인생을 찾아 나가는 것이 중요하다. 뾰족한 대안이나 비법도 없다. 그러므로 자신만의 인생 2막의 성공 사례를 만들어 가려는 철저한 준비가 필요하다. 하지만 전문가들은 "미리 두려워하지 마라"고 강조한다.

25년간 직장 생활을 하고 퇴직한 김남동 씨는 이렇게 말한다.

"베이비붐 세대로 태어나 살아오면서 별 문제없이 직장 생활을 했고 평범하게 살아왔습니다. 체면과 다른 사람에게 보여지는 자신이 중요하다고 생각하는 사회적 가치체계 속에 살아오면서 내제된 의식의 한계를 벗어나기 힘든 것이 중장년의 현실입니다. 우리 사회에서 살아남기 위해서는 자신의 주장이나 확고한 자기 개성보다는 문제없이 어울려 살아가는 지혜를 강요받고 살아온 것이 사실입니다. 변화된 세상에서 실질적인 자신의 모습을 직시할 수 있는 시간이 바로 경력 단절과 실직의 순간이지요. 경력 단절은 자신을 찾을 수 있는 시간이자 기회입니다."

재취업 문턱에서 이력서와 자기소개서를 작성하다 보면 50년 인생 동안 이루어 놓은 것이 별로 없다고 느낄 것이다. 나 자신을 위해 투자하거나 관리해서 나의 경쟁력을 높이지도 못했다. 이력서와 자기소개서에도 정성과 노력이 필요하다는 것을 느끼게 되고 경력기술서 작성과 면접 태도도 중요하다는 것을 새삼 배우기도 한다. 이러한 준비는 인생 2막을 열어가는 데 꼭 필요한 과정이다.

권고사직과 명예퇴직은 언젠가 우리에게 다가올 일이다. 그러므로 100세 시대의 인생 2막을 남들보다 일찍 경험하는 것이 나쁜 것만은 아니다. 내 인생에서 퇴직, 은퇴, 노후 등의 이미지는 내가 만들고 내가 이끌어 가는 것이다. 새로운 도전과 꿈의 성취, 인생 2막의 다채로움은 늘어난 인생에 멋지고 색다른 기회를 가져올 수 있을지도 모른다. 수동적으로 당하는 퇴직이 아니라 내가 적극적으로 선택하고 찾아나가는 터닝 포인트가 될 수도 있다.

명함이 사라진 뒤 _45세 남성

변화영 씨는 15년간 근무하던 회사가 어려움에 처해 부장으로 퇴직했다. 회사에서는 능력 있는 부서장으로 근무하며 업무 처리에 개인과 조직으로부터 인정받았다. 그러나 직장을 그만두고 세상으로 나왔을 때 그는 무너져 가는 자존심과 엉망진창이 된 현실을 경험했다. 명함이 사라진 뒤 애매한 자신의 위치는 정신적·심리적으로 위축되었다.

그는 워크넷과 사람인 등 일자리 포털 서비스에 가입하고 지역 고용센터의 중장년일자리희망센터를 소개받아 기본 교육을 받고 구직 활동을 시작했다. 집단 상담 프로그램과 개별 심리 상담 프로그램에 참여하면서 어느 정도 심리적 안정과 위안을 얻었다. 총 8일간 40시간으로 구성된 재취업 성공을 위한 취업 지원 프로그램이었다. 20여 명의 중장년들이 비슷한 이유와 사연들로 재취업을 하기 위해 참여했다.

새로운 일자리를 얻은 변화영 씨는 여유 있는 웃음을 지으며 이렇게 말했다.

"'나는 어디로 가고 있는가?'라는 물음은 내 인생의 과정이 어려운 상태이고 거친 광야를 건너고 있는 상태를 직시하게 만들었습니다. 올바른 방향을 찾아 남은 인생을 포기하지 않고 나의 목표 지점을 가야 한다는 것을 다짐하게 되었지요. 그동안 직장에서는 막연하게 하루하루 열심히 살아가면 되었습니다. 그러나 지금은 막연한 인생 여행은 의미가 없음을 깨닫게 되고 구체적인 나의 인생방향이 중요하다는 것을 알았습니다. MBTI, STRONG 등 성격검사와 직업심리검사를 통해 나 자신을 새롭게 발견하게 되었고, 지난 삶을 통해 내가 좋아하고 잘하는 것을 그리고 앞으로 해야 할 구체적인 일들을 확인하면서 나의 실패와 나의 성공을 다시 한 번 되돌아보게 되었지요. 나 자신을 이해하고 타인과 세상을 이해하는 과정은 인생 2막을 준비하는 데에 가장 기본적이고 소중한 작업입니다. 자신의 새로움을 발견하는 것은 애매모호하던 삶을 청산하고 구체적이고 맞춤형 인생을 설계하는 시작이었지요.

구체적인 인생설계를 하나하나 써 나가면서 '나는 누구인가? 나는 무엇을 잘하고 할 수 있는가?'를 찾아보니 막연한 생각과 뜬구름 잡던 행동양식이 구체화되고 세분화되었습니다. 상담 과정을 통해 나의 단점을 냉정하게 찾아보고 나의 강점과 좋아하는 점을 구체화시켰어요. 내 나름대로 잘 살아왔고 나는 잘 살고 있고 능력 있다는 자만심은 구직 과정을 통해 가슴에 각인되었고, 이력서와 자기소개서 작성법을 배우면서 나의 실체를 발견했지요. 나 자신에게 부끄러웠고 나 혼자만의 생각과 판단으로 세상을 살아가려고 발버둥 쳤다는 부끄러움이 들었습니다.

센터에서 배운 다양한 심리검사와 재취업 프로그램은 인생 2막을 위한 토대이자 기초 훈련과정이었습니다. 40~50대의 중장년들! 전 직장에서는 괜찮은 직위를 누리고 살던 많은 퇴직자들! 확실한 경력개발과 진로 그리고 인생 2막을 위한 인생설계도를 작성하는 것이 미래의 성공을 향한 시작입니다. 중년의 인생은 실패한 인생이 아닙니다. 이제 새롭게 시작할 수 있는 기회가 넘치고 색다른 인생을 살아갈 삶의 경험과 지혜를 가진 소중한 사회의 자원입니다. 지난 15년간의 삶과 실직이라는 경력 단절을 통해 충격과 고통스러운 시간 속에 구직 과정은 장거리 여행을 출발하는 재충전의 시간이었다는 교훈과 지혜를 얻는 귀중한 시간이었습니다."

퇴직 후 새로운 사람들과의 대화, 비슷한 처지의 상황이지만 다른 경험을 가지고 있는 중장년의 퇴직자들과의 공감대는 중요한 경험이 된다. 서로의 꿈을 지지하고 지금 위기가 기회로 바뀌기를 서로 염원하며 자기 스스로 변화하려는 노력 속에 자신의 실체를 발견하게 되는 것이다.

50대 경력 단절은
제2의 출발선

경력 단절 여성의 구직 특성

이재순 씨는 결혼 전 1980년대에 경리사무원으로 10년 근무한 경력이 있었지만 결혼 후에는 직장을 그만두고 주부로 살아온 경력 단절 여성이었다. MBTI 유형은 'ISTJ'로 '체계적이고 논리적이며 꼼꼼하게 일처리 하는 유형'으로 처음 시작은 어렵지만 익숙해지면 누구보다도 성실하고 능숙하게 업무 처리를 할 수 있는 성격의 소유자였다.

경기도 화성이라는 지리적 여건에도 운전이 미숙하여 근거리에 위치하며 연령 무관 그리고 주말에 휴무하는 사무직을 원했다. 그녀는 여성새로일하기센터에서 집단 상담프로그램과 기업전산회계실무과정 직업교육훈련에 참여했다.

무역회사에서 물품입출고 자료 입력 업무 담당자를 구하는 공고가 났으나 자가용으로 40분 정도 걸리는 곳이라 어렵다며 지원을 포기했다. 화성 등 경기도 외곽 지역은 특성상 차가 없는 50대는 사무직 일자리를 얻기가 어려웠다. 또한 경력 단절 여성들의 경우 임금 수준이 낮아 장시간의 출퇴근 시간과 유류 비용이 부담되는 일자리는 적합하지 않다.

경력 단절 여성의 구직 유형을 보면 출퇴근 거리가 가까운 곳을 선호하는 경우가 많다. 지난달 거주지 인근의 한 회사에서 기본적인 경리사무와 전화응대 업무를 하는 직원을 찾는 회사가 있었으나 오래전에 경리 업무를 중단한 터라 자신이 없어 지원을 포기했다. 여성새로일하기센터에서 기업전산 회계실무과정 직업교육훈련을 수강하면서 전산회계2급 자격증을 취득했음에도 불구하고 실전 경리 업무에 대해 자신이 없었기 때문이다. 경력 단절 여성들이 일자리를 구하기 힘든 요인은 오랜 기간 동안 사회 경험이 단절되어 생긴 자신감 결여도 크게 작용한다.

경력 단절 여성들이 일자리를 구하는 특성을 보면 다음과 같다.

첫째, 대중교통을 이용해 30분 이내로 출퇴근할 수 있는 회사일 것
둘째, 아주 단순한 사무직일 것
셋째, 가족과 함께 할 수 있는 시간을 충분히 누릴 수 있는 회사일 것

이처럼 경력 단절 여성들은 직업을 찾을 때 사회와 직장 경험을

먼저하고 새로운 경력 개발을 통해 좋은 일자리로 옮겨 가는 것이 일반적인 경로이다.

이재영 씨의 경우도 집 근처의 가족과 함께 시간을 많이 가질 수 있는 단순한 일자리를 찾던 중 약국전산원이라는 직종을 알게 되고 열심히 구직 활동을 했다. 인근 약국에서 직원 구인 광고를 보고 면접을 보았다. 그 약국에서는 연령과 상관없이 오랫동안 가족처럼 성실하게 일할 사람을 찾고 있었다. 이재영 씨는 약국의 위치, 근로 시간, 급여 등을 확인하고 일하기로 최종 결정했다. 현재는 일과 가정을 양립하며 행복하게 일하고 있다.

경력 단절 기간이 10년 이상 되면 여러 가지 어려움이 있기 마련이다. 그러므로 새로운 각오와 배우는 자세로 자신을 새롭게 발견하고 일터의 의미를 다시 찾는 과정을 거치며 적응하려는 노력이 필요하다.

새롭게 태어나다 _50대 여성

초등학교와 중학교에서 기간제 교사로 근무하다가 늦은 결혼과 두 아이의 육아로 인해 경력 단절이 된 김여진 씨는 여성새로일하기센터에서 역사체험 지도사 과정을 수료했다. 그녀는 힘든 연년생 육아를 하면서 단절된 사회생활에 불안감을 느끼고 중년인 남편 어깨의 짐을 좀 덜어 주고 싶어 취업을 결심했다.

과거 초·중학교 기간제 교사로 근무했고 아동교육 분야 공부와 봉사를 오랫동안 해 와서 재취업에 어려움은 별로 없을 거라 생각했다. 그러나 많은 중년의 경력 단절 여성들은 취업을 위해 여성새로일하기센터, 고용센터, 시청 일자리센터 등을 방문하면서 '취업쇼핑'은 하지만 막상 일자리 면접이나 근무 기회를 주면 얼마 지나지 않아 근무를 포기하는 경우가 많다.

김여진 씨는 방과 후 교사로 취업하기를 희망했다. 그래서 아이들 유치원 등원과 함께 교육을 수강했다. 교육 분야뿐만 아니라 다양한 아동 관련 교육과정을 수료하고 자격을 취득했다. 행정기관에서 모집하는 아동복지교사모집에 지원했지만 나이가 걸림돌이 되어 포기했다. 이후 워크넷과 인크루트, 사람인, 사회복지사협회 등 다양한 일자리 연계기관을 통해 초·중학교와 센터에 지원했지만 역시 나이가 많다는 이유로 일자리를 찾는 데 실패했다. 여러 차례 시도한 끝에 근처의 초등학교에서 방과 후 전담교사를 구한다는 공고를 보고 지원했다. 출퇴근 문제도 해결되고 근무 시간도 적당해 지원했으나 역시 나이가 많다는 이유로 거절당했다. 그러나 그녀는 포기하지 않았다. 새로운 출발을 위해 치러야 할 과정이라 생각했다.

김여진 씨는 적극적이고 긍정적인 성격임에도 불구하고 장기간 경력 단절과 나이 때문에 일자리를 얻지 못하는 것이 반복되자 상실감과 우울감으로 힘들어 했다. 자신은 주어진 일을 할 수 있다고 생각했으나 나이의 벽은 의외로 높았다. 경력 단절의 늪에서 탈출하기 위해 용기와 도전이 필요했다. 재출발과 인생 2막을 위한 새로운 도전과 목표는 그녀의 도전 과제이자 넘어야 할 산이자 강이었다. 그러던 중 2년 6개월간의 노력과 도전을 통해 적지 않은 나이임에도 불구하고 재취업에 성공할 수 있었다. 그녀는 "50이라는 나이에 다시 사회에 나와 일을 한다는 게 새롭게 태어난 기분이 들어 하루하루가 뿌듯하다"고 당당하게 말한다. 그녀는 현실에 만족하지 않고 앞으로도 청소년 지도사라는 자신의 목표에 한걸음 더 다가가기 위해 자격증 준비를 하고 있다.

인생 2막을 준비하는 사람들을 위한 조언

- 충실한 이력서와 자기소개서, 경력기술서를 준비하라. 1차 관문을 먼저 통과해야 한다. 이력서와 자기소개서는 곧 자기 자신이다.

- 구인 회사에서 요구하는 사항을 정확하게 파악해 숙지하라. 회사가 어떤 사람을 찾고 있는지 어떤 회사인지 파악하라.

- 내면의 열정뿐 아니라 첫인상을 좌우하는 외모와 복장도 중요하다. 화려하지 않지만 인상적으로 보이도록 하라.

- 자신의 나이와 능력을 과대평가하지 말고 오랜 기간 일할 수 있는 일자리를 찾아라. 퇴직 시장에는 스펙 좋은 사람들이 넘친다.

- 과거의 지위와 연봉은 모두 잊어라. 많이 벌어 많이 쓰던 시절은 다시 오지 않는다. 씀씀이를 줄이고 자기만의 생존 전략을 짜라.

- 건강을 먼저 챙기고 몸을 움직이는 일을 찾아라.

- 기술과 자격증에서 미래를 찾아라.

- 정부의 지원 사항을 꼼꼼히 찾아서 내 것으로 만들고 활용하라.

- 현직에 있을 때 은퇴 후 무엇을 할 것인지 정하라.

- 퇴직 후 1년 동안은 투자 대신 다양한 교육프로그램에 참여하라.

- 배우고 놀면서 자기 자신을 정리하라.

- 자신의 꿈과 자존심은 버리지 말고 인생을 포기하지 말라.

4장

노후를 위한
인생 설계 솔루션

절대 놓쳐서는 안 될
은퇴 진단

내 선택에 달려 있다

경력 단절 여성 취업지원자 전체 중에 40~50대 여성들이 차지하는 비율이 70%가 넘는다. 이들이 원하는 일자리는 생계형 일자리이다. 다양한 이유가 있겠지만, 가장인 베이비붐 세대 남성들이 직장에서 밀려나 당장 수입이 필요한 상황이 되었기 때문일 것이다.

대부분의 중장년 일자리는 남성이든 여성이든 일용직이나 돌봄 등으로 임금이나 근로 조건이 좋지 않은 경우가 많다. 하지만 가장의 실직으로 생계를 위해 어쩔 수 없이 선택하게 되는 일자리들이다. 그 결과 중장년 여성들은 100만 원 내외의 수입을 위해 일자리를 찾아 나선다. 이는 준비 안 된 은퇴의 결과이자 준비하지 않은 은퇴자의 미래이다.

드라마 속의 대사처럼 '세상은 지옥'이라는 말이 사실일 수도 있다. 그러나 인생 2막은 또 다른 출발이라는 것도 사실이다. 이 시기는 새로운 도전과 변화를 할 수 있고, 인생 전반기를 정리하고, 진정으로 하고 싶었던 일이나 색다른 인생을 찾아 나서는 전환점이 될수도 있다. 화려하지 않지만 가치 있고 변화무쌍한 '가지 않은 길'들을 경험하거나 선택할 수 있는 기회가 되기도 한다. 인생 2막은 설렘과 두려움의 세계이고 중요한 갈림길이다. 인생 2막에 대한 각자의 선택은 세상과 인생을 보는 '나' 자신에게 달려 있다. 지금 어떻게 생각하고 행동하느냐에 따라 남은 인생 후반전의 모습이 결정되기 때문이다.

퇴직과 은퇴를 앞둔 40~50대는 대체로 무엇부터 어떻게 시작해야 할지 막막해한다. 대부분 중장년 세대에게 은퇴 준비와 미래 준비는 절박한 상황이지만 방향이나 방법을 모르는 경우가 많다. 늘어난 수명의 혜택 아래 90세, 100세까지 단지 먹고 숨쉬기만 하며 살아가는 것이 얼마나 의미가 있을까? 먹고살 만한 돈이 준비되어 있는 사람은 건강이나 관계가 무너져 있고, 건강한 사람은 경제적 준비가 미비할 수 있다. 그런데 양쪽 모두가 준비되지 않은 사람들은 어디로 가야 할까? 당신의 미래는 어떤가? 의식주가 해결되었고, 남은 인생을 원하는 방향으로 살아갈 준비가 되었는가.

막상 직장을 그만두면 방향을 상실하게 된다. 어떻게든 살아내겠다는 용기와 자신감이 필요하다. 남은 인생도 먹고사는 문제, 자녀들 학비와 결혼 자금에 허덕이며, 부모님 봉양에 평생을 투자할 것인가. 지금 당장 자기 자신의 인생의 좌표를 진단하고 설계도를 그려야 한다.

인생 2막을 위한 은퇴설계도를 그릴 때는 막연한 불안감과 두려움을 떨쳐 버리고, 자신의 변화 관리 계획을 공격적으로 만들어 내야 한다. 이제부터라도 직장이라는 우물에 안주하는 개구리에서 벗어나고, 익숙한 것에서 떨어져 나와 낯선 삶으로의 여행을 시작해야 한다. 과거의 고정관념도 깨야 한다.

첫째, 직장에 안주하고 가족의 생계부양자로 생활하던 상황에서 직장을 떠나야 하는 상황을 새롭게 인식해야 한다. 내가 변화에 적응하는 바람직한 상태에 있는지, 자기 자신의 면밀한 점검이 우선되어야 한다. 스스로 변화를 선택하라.

둘째, 의식주를 해결할 방편이 있는지 검토하고 필요시 전문가나 관련 전문 기관의 자문을 받아야 한다. 의식주는 한마디로 돈이다. 먹고 자고 입을 도구가 준비되었는가를 세밀하게 분석하라. 생계를 유지하는 것은 필수 사항이다.

셋째, 전직 또는 창업 등으로 일자리를 찾아야 한다. 현직에 있을 때 미리미리 준비하지 않으면 재취업 시장에서 일자리를 구한다는 것은 쉽지 않은 일이다. 특히 생계가 해결되지 않은 경우는 반드시 일을 해야 한다.

넷째, 건강과 여가에 대한 구체적 실행 계획을 세워라. 인생 2막은 복잡하고 다변화될 것이다. 어떠한 환경에도 적응하기 위해서 육체적 건강은 필수적인 요소이다. 육체적 건강을 바탕으로 다양한 스트레스를 해소하며 정신 건강 유지에 알맞은 레저, 스포츠 등 여가 계획도 지금부터 세우지 않으면 남은 인생은 더 힘겨울 것이다.

마지막으로 자녀 관계, 부모 관계 그리고 지역사회에서 다양한 인간관계를 새롭게 정의하고 관계 개선을 시작해야 한다. 현직에 있을 때 올바른 관계와 방향을 설정해 놓지 않으면 퇴직 후 시작하기에는 굉장히 힘들다.

인생 2막은 살아온 과거와 다르게 살고 싶지 않은가? 『어린왕자』에는 "오로지 마음으로 볼 때만 모든 것이 잘 보인다. 정말 중요한 것은 눈에 보이지 않아"라는 말이 나온다. 보이지 않는 내면의 세계에서 자신이 진정으로 원하는 것을 찾아내라. 자신의 정체성을 바탕으로 은퇴설계도를 그려 당장 인생 후반전을 준비하라. 과거의 익숙함에서 벗어나 앞으로 펼쳐질 변화의 속도와 폭넓은 세상을 준비하고 배워야 한다. 그 길이 평탄하지 않을 수도 있고 때로는 어려움과 실패가 기다리고 있을 수도 있다. 도전과 역경을 넘고, 지식과 경험에 새로운 배움을 더한 은퇴 준비가 40~50년의 인생을 결정할 것이다.

구체적인 은퇴 진단

각자가 자신의 재정과 재무적 목표, 현재의 자산과 부채, 소득 상황에 대해 면밀하게 검토한 뒤 은퇴 목표를 설정하는 것이 중요하다.

그 누구도 대신해 줄 수 없다. 본인만의 생계 유지에 대한 면밀한 분석과 목표 설정은 은퇴 준비의 시작이자 인생 2막의 구체적 목표로 가는 지름길이다. 현재의 재무 상태와 지출 규모를 통해 방향과 목표를 설정하라.

나이와 재무 상태, 과거의 경력과 전문성 등은 개인적으로 차이와 격차가 다양할 것이다. 각자 여건과 상황에 따라 자신만의 준비와 대책이 필요하다. 현재의 자산규모와 수입 분석을 통해 새로운 일을 찾아 나서든 봉사활동을 하든 여가와 취미를 즐기든 자신만의 새로운 인생을 개척해야 한다. 은퇴는 인생 2막의 새로운 삶으로 가는 출발선이기에 자신의 현재 상황을 냉철하게 분석하고 진단해 균형적인 삶의 방향을 선택해야 한다.

과거의 화려함이나 높은 직위는 지속가능하지 않으면 별 의미가 없다. 현재의 자신을 진단하라. 향후 40~50년을 살아갈 자신만의 방법과 수단 그리고 가치 있는 철학이 있는가를 점검하라.

세상의 변화와 취업 시장의 변화는 예측이 불가능하다. 그래서 면밀히 연구하고 필요시 전문가들의 도움도 받아야 한다. 미래학자 토마스 프레이(Thomas Frey) 다빈치연구소 소장은 "10년 후 일자리 60%는, 아직 탄생하지도 않았다"고 말했다.

자신의 은퇴를 진단하고 은퇴 목표를 설정하는 것이 남의 일이거나 먼 훗날의 일이라 생각하는가? 나와 상관없는 일일까? 뭘 벌써 걱정하느냐고 생각하는가? 정확한 자신의 삶의 목표와 미래를 위한 은퇴 진단 없이 길고 긴 100세 시대를 살아갈 자신이 있는가?

자신의 현실에 대한 구체적이고 냉정한 진단과 판단이 미래의 위험을 줄이는 시작이 될 것이다. 충분한 시간을 고민하고 신중하게 자신의 은퇴 진단을 통해 목표를 세워라. 각자의 여건과 상황에 맞는 현재의 진단은 5년 후의 자신의 모습, 그리고 10년, 20년 후의 자신의 삶의 모습을 만들 것이다.

인생·일·돈,
원점에서 체크하라

인생 - 꿈과 행복을 찾아라

『미래혁명』에는 "미래는 하나가 아니라 여러 개다. 미래학은 예언이 아니라 선택의 미학이다"라는 내용이 나온다. 나의 미래는 과거와 현재의 연장선상에 있다. 퇴직을 5년 정도 남겨두고 나에게 질문을 던졌다.

"어떤 인생을 살아갈 것인가?"

"죽기 전에 안 하거나 못하면 아쉽거나 후회할 일은 무엇인가?"

인생이 하나의 길이 아니듯 미래도 하나가 아닐 것이다. 무엇을 해야 할지 알 수 없는 인생이기에 만들어가는 도전이 곧 삶이라 생각한다.

나도 어느덧 50대 중반이다. 직장에 처음 들어왔을 때 50대는 뒷자리에 앉아 결재서류를 챙기는 상사이자 내가 꿈꾸는 미래였다. 나이 서른이 되었을 때 50대는 직장 내에서 최고의 위치에 있는 사람이었다. 나도 빨리 저런 자리로 가고 싶다고 생각했다. 그런데 마흔이 되었을 때 50대를 보며 내가 저런 모습으로 인생을 마무리해야 하나, 저런 모습으로 살아가는 것이 인생의 목표인가 하는 생각이 들었다. 그리고 쉰이 되어 바라본 50대는 외로워 보였다. 지금까지 살아온 인생이 외롭고 쓸쓸함을 위한 것이라고 생각하니 허무한 느낌마저 들었다.

언젠가부터 친구가 세상을 떠나고, 직장 상사와 동료들은 직장에서 밀려나고 있다. 다음은 내 차례가 될 것이다. 아직 못다 한 일들이 많이 남아 있지만 미래는 보이지 않고 두려움과 걱정이 앞섰다. 2021년은 내가 정년퇴직하는 해이다. 그때부터 나는 과연 무엇을 할 수 있을까? 시간을 소비하며 늙어 가고 있을까? 직장과 일은 과거와 현재보다도 미래에 더욱 중요한 것들일 것이다. 인생 2막은 어영부영 시간 때우며 먹고 살기에는 너무 긴 시간이다. 그러므로 가장 중요한 은퇴 준비물은 현직에 있을 때 버킷리스트, 즉 꿈의 목록을 만드는 것이다. 그리고 꿈을 찾아가는 과정이야말로 행복에 이르는 길일 것이다. 자신의 인생은 그 누가 책임져 줄 수 없다. 마지막은 홀로 떠나야 한다. 내가 행복해야만 다른 이들에게 행복을 전할 수 있다. 가슴을 뛰게 하고 행복할 수 있는 '꿈' 목록이야말로 나를 인생 2막의 아름다운 목적지로 안내할 것이다.

일 – 내 일에 대한 꿈과 신념

많은 사람들이 퇴직 후에 자기가 하고 싶거나 즐기면서 할 수 있는 일을 꿈꾼다. 어떤 사람들은 도시를 떠나 고향으로 돌아가거나 귀촌을 원한다. 어떤 사람은 그동안 간직했지만 이루지 못하고 미루어 두었던 꿈을 꺼내 자기 일로 만들고 싶어 한다. 현직에 있는 동안 은퇴 후에 해야 할 '나의 미래, 나의 일'을 어떻게 만들 수 있을까?

우리나라가 직면하고 있는 가장 어려운 문제 중의 하나가 일자리가 없다는 것이다. 다양한 이유로 직장에서 밀려나오는 40~50대 중년들과 50% 수준의 고용율에 머물러 있는 여성 인력 활용에 대한 문제가 심각한 실정이다. 청년들의 일자리 문제 또한 마찬가지이다. 이 모두가 고용시장의 구조적 문제와 고령화 문제 그리고 일·가정 양립의 문제 등 복잡한 사회구조와 경제구조 속에 얽혀 있다. 모든 계층과 세대가 내 일이 없다고 아우성치는 것이 이 시대의 현실이자 흐름이다. 즉 일자리는 없고, 미래는 불투명하다.

중장년들이 새로운 자기 일을 창조한다는 것 그리고 도전한다는 것은 상당한 의지를 가져야 하고 험난한 파도를 넘어야 한다. 풍랑을 헤치고 내 일을 찾아 항해를 나설 것인가, 안정적으로 항구에 정박하며 생계 유지를 위한 방편을 찾을 것인가?

김난도 교수는 『아프니까 청춘이다』에서 "알은 스스로 깨면 생명이 되지만, 남이 깨면 요리감이 된다"고 했다. "'내 일(My Job)'을 하라. 그리고 '내일(Tomorrow)'이 이끄는 삶을 살라"고 말한다. 울지도 아프지도 못할 40~50대의 중장년들은 미래이자 천직인 내 일을 찾는 새로운 여행을 출발해야 할 시간이다. 일에 대한 관점을 바꾸고 내 일에 대한 꿈과 신념을 찾아 도전하라. 사회 트렌드와 나의 꿈을 융합해 인생 2막을 살아가야 한다. 나 자신을 찾고, 내가 원하는 일을 선택하는 것은 온전히 자신의 몫이다.

돈 - 배움을 돈으로 바꾸다

프랜시스 베이컨은 "부를 경멸하는 사람을 신뢰하지 마라. 부를 얻으려다 절망에 빠진 사람만이 부를 경멸하는 것이다"라고 말했다.

배움을 돈으로 바꾸는 스킬을 연구하고 관심을 가져야 한다. 돈 걱정을 하지 않는 사람은 아주 드물 것이다. 게다가 퇴직을 앞둔 40~50대는 생계 유지가 절박하다.

"당신에게는 인생 2막을 살아갈 수 있는 무기가 있는가?"

이런 질문을 받으면 대부분의 베이비붐 세대들은 과거의 스펙과 현재의 직위 그리고 장롱 속의 자격증과 학위를 내세울 것이다. 중장년희망일자리센터 상담사들은 "현실적으로 취업시장에서는 과거의 배움과 스펙이 아무 쓸모없다. 차라리 포클레인이나 지게차를 다룰 수 있는 기술만도 못하다"고 한목소리로 말한다.

현직에 있는 동안에 '경험과 배움을 돈으로 바꾸는 스킬'을 만들어라. 다양한 경로와 연구를 통해 얻은 배움과 지식을 상품화해 직접 시장에 판매하는 경험을 해 보아야 한다. 그동안의 배움과 투자를 헛되지 않게 만드는 전략, 배움의 융·복합이 필요하다. 이 시대 중장년에게 '지난 경험에 새로운 배움을 섞어 돈으로 바꾸는 스킬'은 인생 2막을 살아가는 새로운 도구를 찾는 길이다. 기술 기반이든, 지식 기반이든 어떠한 배움이라도 미래의 일로 연결시켜야 한다.

은퇴 진단   # 내 은퇴 준비는
몇 점일까?

은퇴라는 거대한 쓰나미

삼성생명 은퇴연구소가 2014년에 서울과 5대 광역시에 거주하는 1,782명을 상대로 조사한 '종합 은퇴 준비지수'는 56.7점으로 나왔다. 이 지수는 관계, 건강, 활동, 재무를 분석한 결과로 재무 상태 영역만을 보면 51.4점이고 전체 가구 중 연금에 가입된 비율은 40%에 불과해 경제적으로 위험 수준임을 알 수 있다. 우리 사회의 30대부터 60대까지 모든 직장인은 은퇴 준비가 부족해 향후 퇴직 준비와 은퇴에 대한 새로운 가치관이 필요하다. 30대와 40대 초반의 경우는 전세난에 의한 주거 불안과 고용유연성 증대에 따른 직장 불안, 은퇴 후 미래 불안이 심각하다. 30~40대 후배 직장인들과 이야기를 나누어 보면 육아와 전세금 문제로 고민이 많았다. 지금 당장 저축도 어렵고 미래를 위한 투자도 어려운 실정이다. 그들이 두려운 것은 10년 뒤인 40대 후반, 50대 초반의 삶의 무게이다. 지금 직장에 속해 있기는 하지만 5년, 10년 후의 미래가 걱정이다. 그러므로 지금의 40~50대는 30대가 걱정하는 현실의 중심에 서 있는 셈이다.

현재 40~50대 중장년의 직장 이탈 문제는 인생의 정점에서 낭떠러지를 향해 수직으로 떨어진다는 점이다. 대부분이 직장에서 중간 간부 또는 최고 간부로 올라가기 직전에 직장을 떠나야 한다. 50대 초반에 희망 퇴직한 대기업 부장은 이렇게 말한다.

> "승진 하나만 바라보고 온몸을 바쳐 일했고, 야근과 주말 근무로 코피 터지게 일했습니다. 사내 정치에서 살아남으려고 치열한 경쟁 속에 버텨 왔는데 어디로 가야 할지 모르겠습니다. 회사와 경영자들이 원망스럽지만 할 수 있는 것이 아무것도 없습니다."

하지만 중소기업 출신 직원들은 "그나마 대기업이나 금융기관은 희망퇴직에 대해 보상이라도 있지요"라고 말한다.

전직지원 워크숍에서 만난 대부분의 베이비부머들은 직장에서 밀려나 앞으로 살아갈 길이 막막하다고 했다. 생존의 문제, 먹고사는 운명이 걸린 '퇴직쇼크', '은퇴 충격'이라는 말이 자신의 현실이 되고 있는 것이다. 거대한 쓰나미는 소리 없이 다가오고 있으며 그 충격은 상상할 수 없을 만큼 파괴력을 지니고 순식간에 중년의 직장인을 덮칠 것이다.

현재 직장에 있는 베이비부머와 30~40대는 심각성을 알면서도 그런 현실을 벗어날 만한 여유가 없다. 그러나 이제는 생각을 바꾸어야 한다. 여유의 문제가 아니라 언젠가 다가오는 생존의 문제이기 때문이다. 지금이라도 인생 2막의 8만 시간을 위한 생존 법칙과 전략을 준비해야 한다. 대책과 준비가 인생에서 우선순위가 되어야 한다. 재무, 인간관계, 건강과 취미, 일자리 등 핵심요소에 대한 인생 설계를 다시 세워야 한다.

직장이 평생 책임질 것이라는 생각에서 벗어나라. 고령화 시대, 100세 시대에 살아남으려면 평생 먹고 살 수 있는 생존 능력과 자생력을 갖추어야 한다. 시간이 지체되면 될수록 자신의 역량은 더 떨어지고 세상의 변화 속도에 따라갈 수 없게 된다.

나만의 생존 법칙과 나만의 스토리

생존 법칙은 자신이 선택하고 실천해야 한다. 지금 우리가 처한 현실은 그리 호락호락하지 않다. 많은 역경과 시련의 벽을 넘어야 한다. 그동안 직장이 제공했던 울타리의 안전함을 잊고 내면의 근본적 의식과 변화를 통해 인생 전반의 틀을 바꿔야 한다. 새로운 세상을 헤쳐 나갈 수 있도록 기술과 은퇴 자본을 준비해야 한다. 경험을 통해 얻은 나만의 스토리와 생존 법칙만이 가치가 있다. 단순한 재무설계와 재취업지원서를 만드는 것만으로 은퇴 준비가 끝나는 것은 아니다.

남녀노소를 불구하고 누구나 똑같은 인생을 살아가고 있으며 똑같은 가치가 있다고 스스로 자신감을 가져야 한다. 미래는 주장하는 자의 것이고, 나누고 배려하는 자의 것이라 생각한다.

결코 짧지 않은 인생을 '아무것도 할 것이 없다'거나 '할 수 있는 것이 없다'고 푸념하고 포기하며 살아갈 수는 없다. 힘겨운 삶의 여정에서 이제는 쉬고 싶다는 생각으로 산 중턱에 걸터앉은 중년에게 다시 배낭을 메고 산을 넘어 멋진 자기 자신의 봉우리를 발견하라고 말하고 싶다.

『창문 넘어 도망친 100세 노인』에서 '알란'의 어머니는 "너무 걱정하지 마. 괜히 고민해봤자 도움이 안 돼. 어차피 일어날 일은 일어나는 거고, 세상은 살아가게 되어 있어"라고 말했다. 이 말처럼 인생 2막을 두려워하지 않고 주어진 삶과 시간을 즐기며 살아가는 것이 나의 과제이자 꿈이다. 걱정 없이 자유롭게 세상을 여행하듯 살아가는 삶은 나의 희망사항이기도 하다.

100세 인생이라는 미래의 긴 시간이 기다리고 있고, 어떻게 펼쳐질지를 가늠하기는 어렵다. 100세 시대의 퇴직 재앙열차는 이미 출발했고 멈추지 않고 달리고 있다. 달리는 기차에서 뛰어내릴 수 있는 사람은 그리 많지 않다. 달리는 기차에서 별 생각 없이 차창 밖을 내다보면서 나머지 50년의 인생이 저절로 행복해질 것이라 꿈꾸는 사람이 있을까? 100세의 시선을 지금 나의 현실로 돌려 보자. 지금 40~50대는 100세를 상상하고 디자인하는 안목을 가져야 한다. 풍요롭지는 않지만 자기만의 자유와 여유를 위해 지금 출발선에서 목표를 바라보는 혜안이 필요하다.

100세 시대를 맞이하는 중장년은 현재의 처지와 입장, 경험이 다르기 때문에 느낌 또한 다를 것이다. 경제적 여유와 건강과 관계 그리고 미래의 일 등이 준비된 사람과 그렇지 않은 사람들로 나뉠 것이다. 당신은 어느 편에 서 있는가?

재앙이라 부르기도 하고 축복이라 부르기도 하는 100세 시대 퇴직과 은퇴를 대비해 인생설계도를 그리는 데에 시간과 열정을 투자하라. 인생설계도는 미래에 대한 정확한 방향임과 동시에 안내 지도이다. 지금부터라도 100세의 모습을 상상해 보라.

과거를 잊어라

우리나라 평균 퇴직 연령은 52세 정도이다. 그렇다면 퇴직하고도 거의 50년을 더 살아야 한다. 평균수명이 50대이던 시대보다 두 배 이상의 시간이 주어졌다. 영웅호걸들이 불로초를 갈구하던 장수시대를 우리는 그냥 얻게 된 것이다.

지금의 중장년층은 반세기를 살아왔고 나머지 반세기를 살아야 한다. 퇴직과 은퇴, 명예퇴직과 권고사직으로 내 인생은 원점으로 돌아왔다. 남은 인생을 스스로 늙은이 취급하면서 살지 않기 위해서는 자신을 재창조하는 값진 시간으로 바꾸어야 한다. 그러기 위해서 진짜 나를 발견해야 한다.

과거라는 거울을 통해 자신을 발견하려는 망상과 착각에서 벗어나야 한다. 과거로 돌아갈 수 없다.

지난 과거의 삶 속에 실패와 좌절에 얽매이지 말고 자유 여행을 떠나라. 과거와 연결된 지금의 삶의 모습이 구차하다고 의기소침해 있는 인생에서 벗어나라.

경제적·정신적 스펙에 상실감을 갖는 당신이라면 미래의 꿈을 다시 설정하라. 과거는 과거일 뿐, 미래를 위해 아무런 도움도 위안도 되지 않는다.

현재 있는 그대로의 삶과 현실을 소중하게 생각하며 미래의 꿈을 만들어라.

과거의 자기 자신, 과거의 노예, 과거의 실패와 실수, 선택의 결과에 대한 집착을 버리고 지금 현재의 자신의 모습에 집중하라.

틀에 박힌 과거의 마음의 문을 열고 미래의 꿈의 세상으로 나아가라. 과거의 시간은 잊어라. 새로운 마음으로 새로운 시간을 만들지 못하면 사라질 뿐이다.

스스로 점검하는 자신의 모습

스스로의 변화를 추구하고자 한다면 지금의 자신을 점검하라.

첫째, 현금 흐름을 점검하라. 지금 당장 직장을 떠났을 때 매월 얼마의 수입이 가능한가? 그 금액이 만족스러운가? 그 수입으로 살아갈 수 있는가? 자기 자신에 적합한 현금 흐름을 발견하고 플러스알파를 구하라.

둘째, 건강 상태를 점검하라. 근육과 골격 상태를 자가 진단하라. 계단을 오르거나 등산을 할 때 허리나 무릎에 통증이 오는가? 또한 가벼운 운동을 통해서 심장이나 맥박의 상황을 점검하라. 이상이 있으면 건강검진을 통한 정밀 진단을 하라. 건강 상태는 인생 2막의 엔진과도 같다.

셋째, 부부 관계와 자녀 관계를 점검하라. 특히 은퇴 후의 가족 관계는 겉과 속이 다를 수 있다. 마음을 터놓고 대화할 수 있는 가족 관계를 유지하는 것이 쉬운 일이 아님은 경험으로 알고 있을 것이다. 남편의 은퇴 이후, 아내들의 스트레스 지수가 높아진다는 조사를 보면 한국 사회에서 부부 관계 및 자녀 관계의 정상화는 인생 2막의 큰 과제이다.

넷째, 취미와 여가에 몰입하는 시간을 가져라. 은퇴 후 많은 시간을 어떻게 보낼 것인가? 스스로 선택하고 결정해야 한다. 자신의 경제적·신체적 여건에 맞는 취미와 여가를 선택해 즐겨라. 취미와 여가를 함께 즐기는 것이 바람직하다고 전문가들은 말한다.

다섯째, 사회봉사의 가치를 디자인하라. 봉사기관의 전문가들은 "어느 정도 경제적 안정을 확보한 은퇴자들과 현역 시절에 전문적인 일을 했던 퇴직자들은 다양한 NGO와 비영리 단체에서 제2의 인생의 가치를 사회에 돌려주며 행복을 찾을 수 있다"고 말한다. 경제적 안정 유무를 떠나서라도 시간을 할애해 작은 봉사활동을 하는 것은 은퇴 후의 삶을 더욱 윤택하게 하고 정신적 안정을 느낄 수 있게 한다.

자기 자신의 중대한 관심사를 찾으면 그 속에 진짜 내가 있다. 그 관심의 대상에서 당신의 기술과 능력을 발휘할 수 있을 것이다. 때로는 자신의 경험에 배움을 더해 새로운 경력 개발을 할 수도 있다. 자신은 갈림길에 놓여 있다고 생각하며 새롭게 쓴 인생 설계서를 들고 용기와 자신감으로 당당하게 나아가야 한다.

내 인생의
재무 설계서를 그려라

진단과 분석이 중요

대부분의 베이비붐 세대들과 퇴직과 은퇴를 맞이하는 직장인들이 인생 후반전 돈에 대한 계획과 준비가 중요하다는 것을 알고 있다. 자신만의 재무 계획을 세우고, 취미와 일을 즐기며 살아가는 '퇴직 후 아름다운 삶'을 위해 지금 돈에 대한 지식과 미래에 대한 준비가 선행되어야 한다.

내 인생의 재무 설계서는 어떻게 써야 할까? 은퇴 후에 '무엇을 할 것인가? 어떻게 생활할 것인가? 자산 관리는 어떻게 할 것인가?'에 대해 구체적인 계획이 있어야 한다.

재무 설계는 개인별로 다양한 재무적 상황과 현실을 검토한 다음 현금 흐름을 꼼꼼하게 파악해 미래의 재무 목표를 예측해서 현재의 금융 자산 및 부동산 자산에 대한 관리 운영 방안과 세금, 상속, 증여 등을 하는 것을 말한다. 이는 곧 은퇴 후의 30~40년간의 생존을 준비하는 것을 의미한다. 개인별 상황에 맞는 계획과 실행 방안을 수립하고, 정기적인 평가와 분석을 통해 재무 상황을 점검해 재무 목표를 달성하는 것이다. 이때는 전문가의 진단과 평가 등을 통해 개인의 상황과 여건에 맞추어 한층 더 과학적이고 분석적으로 준비하는 것이 바람직하다.

김한성(56세) 씨는 한 번에 많은 돈을 벌겠다고 부동산에 투자했다가 크게 실패했다. 현재 수도권 45평 아파트에 살고 있으며 월급 대부분은 2억 원 정도의 아파트 담보 대출금을 갚는 데 지출하고 있었다.

'6억 원 가량의 아파트에 살면서 대출금을 갚아 나갈 것인가, 아파트를 처분해 빚을 갚을 것인가?'

그는 재무 전문가와의 상담을 통해 현재 살고 있는 집을 처분하고 2억 원의 대출금을 상환했다. 남은 돈으로 작은 평수로 옮길지 외곽으로 이사를 할지 고민하다가, 결국 김포 한강 신도시에 30평형대 아파트를 구입했다.

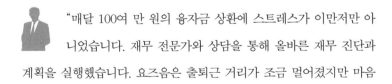

"매달 100여 만 원의 융자금 상환에 스트레스가 이만저만 아니었습니다. 재무 전문가와 상담을 통해 올바른 재무 진단과 계획을 실행했습니다. 요즈음은 출퇴근 거리가 조금 멀어졌지만 마음이 한결 가볍습니다. 재무 설계는 전문가의 도움과 평가를 통해 판단하는 것이 현명한 일입니다."

많은 직장인과 은퇴자들이 주변 사람들의 시선을 의식하고 생활 수준을 맞추느라 재무에 대해서 올바른 선택과 판단을 하지 못하는 경우가 많다. 그동안 살아온 주거 지역과 공간을 하루아침에 포기하거나 떠나는 것도 그리 쉬운 일이 아니다.

하지만 자신의 현재 금융 자산 및 부동산 자산을 분석해 미래의 위험을 분산시키고, 은퇴 자금으로 활용하는 등 다양하고 복잡한 재무 설계와 관리를 개인적으로 또는 전문가와 함께 빠른 시간 안에 결정해야 한다. 40~50대 중장년의 경우 재테크나 부동산 투자로 한 방에 큰돈을 벌어 보려다가 한순간의 판단 실수로 엄청난 재정적 위기를 맞이할 수 있다. 전문가들은 "묻지마 투자의 위험은 한 개인은 물론 가정의 위기를 가져올 수 있다"고 경고한다. 자산 관리와 재테크에 있어서 신중함은 물론 전문가의 도움은 인생 후반의 금전적 손해를 피할 수 있는 길이다.

재무 설계를 통한 재무 건전성의 확보

중년뿐만 아니라 청년들을 포함한 모든 생애주기별로 재무 설계 없이는 미래가 없다. 특히 은퇴를 맞이하는 40~50대에게 재무 설계는 최소한의 생계와 최고의 행복을 보장하는 도구가 될 수 있다. 개인에 따라 자산의 규모와 용도가 다양하고 차이가 있기에 개인 상황과 판단에 기초해 준비해야 한다.

어떤 사람은 "매월 수입의 10%는 연금보험에 투자하고 20%는 펀드에 투자한다. 보너스나 성과금은 주식에 투자해 미래를 준비하고 있다. 그래서 특별히 인생 2막을 준비할 필요 없다"고 자신만만하게 말한다.

그러나 막상 은퇴 후에 무엇을 하며 살아갈 것인지 질문하면 답을 못한다. 재무 설계는 단순한 재테크가 아니라 생애주기별 삶의 방식과 인생 설계를 결정하는 중요한 수단이다.

우리나라의 노인 빈곤율은 OECD 국가 평균인 12.4%보다 훨씬 높은 48.6%이다. 그런 상황에 맞닥뜨렸을 때 30~40년을 살아갈 은퇴 자금을 준비하기는 어렵다. 재무 설계와 은퇴 설계는 최소한 5년에서 10년 정도의 장기적인 관점을 가지고 준비해야 한다. 최소한의 재무 설계가 선행된 다음, 그 기초 위에 재취업, 건강, 봉사, 주거, 가족 관계 등을 정리해야 한다.

샐러리맨으로 35년을 살아온 김 부장은 지난날을 보면 항상 빚을 지고 살아온 것 같다고 말한다. 항상 월급의 노예가 되고 신용카드 대금을 갚아 나가는 마이너스 인생이었다. 일단 쓰고 메우는 것을 반복하는 소비 패턴으로 살아가고 있었다. 그러다 보니 어느새 50대 중반이고 정년을 앞두고 있었다. 정년을 맞이하면 당장 월급이 나오지 않으니 카드 값을 낼 수 없게 된다.

월급을 카드 값이나 대출 이자 등을 내며 살아가는 오늘날의 직장인들은 미래를 살아가는 것이 아니라 과거를 살아가고 있는 셈이다. 6억 정도의 아파트를 소유하고 맞벌이로 월 1,000만 원 상당의 수입이 있어도 다르지 않다. 이것은 재무 설계가 잘못되어 있음을 보여 준다.

재무 설계 세미나에서 만난 직장인 김진수 씨는 이렇게 말한다.

"최근 재무 설계에 대한 세미나와 교육을 통해 아파트 매도를 통한 융자금 상환을 검토 중입니다. 그러나 실행하기가 매우 어려운 상황입니다. 지금까지 살아온 라이프 스타일을 하루아침에 버리기가 쉽지 않네요. 재무 설계를 통해 재무 건전성을 확보하기 위해서는 결단을 내려야 할 때가 왔다고 생각합니다."

목돈이 아닌
오래 쓸 돈이 필요하다

평범한 가정도 재무 설계는 필요하다

재무 설계라는 이야기를 들으면 자산이 많거나 재산 목록이 복잡 다양한 부유층에게나 해당되는 이야기로 인식하는 경우가 많다.

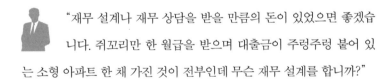 "재무 설계나 재무 상담을 받을 만큼의 돈이 있었으면 좋겠습니다. 쥐꼬리만 한 월급을 받으며 대출금이 주렁주렁 붙어 있는 소형 아파트 한 채 가진 것이 전부인데 무슨 재무 설계를 합니까?"

나 역시 이렇게 생각했다. 가진 것도 없는데 무슨 재무 설계인가? 그러나 한국재무설계㈜가 서울의 한 호텔에서 개최한 워크숍에 참석해 생각을 바꾸게 되었다. 재무적 관점은 냉정한 판단과 결

단이 필요하다. 막연한 추측이나 긍정적 마음가짐으로 접근하는 것은 매우 위험하다. 부동산이나 보험 및 연금 등 미래에 대한 철저한 진단을 통해 정리와 처분 그리고 관리가 필요한 사항임을 알게 되었다. 그리고 우리나라 인구 구조의 변화와 부동산 담보 대출의 위험성 등은 일반인의 상식으로 감당할 수 없는 것임을 이해했다.

재무 설계가 돈 많은 부자들이 대상이라거나 비용이 많이 든다는 잘못된 인식이 문제이다. 오히려 부자보다는 재무에 대한 지식이 부족한 서민층에게 더 필요한 부분이라고 전문가들은 강조한다. 한국재무설계(주)에서 제시하는 재무 설계가 필요할 때는 다음과 같다.

첫째, 재테크를 잘하고 있는지 점검받고 싶을 때이다. 재테크는 단기적이며 기술적인 돈을 만드는 기술이다. 재테크는 잘 될 수도 있지만, 위험을 안고 투자하는 경우도 많다. 그래서 전문가의 도움을 받아 계획적이고 장기적인 투자 방법을 통해 위험을 줄여야 한다.

둘째, 현재의 경제적 어려움에서 벗어나고 싶을 때이다. 양극화 시대이자 가계부채가 높은 현실에서 경제적인 어려움을 벗어나는 방법을 찾기 위해 전문가의 도움과 지속적인 재무 관리가 요구된다.

셋째, 목돈이 있는데 효과적인 자금 운용을 하고 싶을 때이다. 일시적으로 목돈이 생기게 되면 관리 통제 기능을 상실하고 과소비에 빠지거나 고수익 위험 사업에 유혹당하기 쉽다. 목돈이 있을 경우 리스크를 벗어나기 위해 과학적이고 체계적인 재무 설계가 필요하다.

넷째, 자녀의 교육비 부담이 걱정될 때이다. 교육비의 상승으로 인한 가계부채와 노후 준비를 할 수 없는 한국의 중년들의 위기는 어제 오늘의 이야기가 아니다. 자녀 교육 계획과 교육비의 재무적인 지혜가 필요하다.

다섯째, 내 집 마련에 대한 자금을 마련하고자 할 때이다. 집을 장만하기 위해서는 일시에 거액이 필요하다. 어떻게 거액을 모으고 집을 장만할 것인가에 대한 재무적 관점은 아주 중요하다.

여섯째, 가입한 금융 상품을 잘 선택한 것인지 알고 싶을 때이다. 많은 직장인들은 지인을 통해 보험이나 금융 상품에 가입하는 경우가 높다. 판매원조차도 모르는 금융 상품에 대한 선택과 유지를 위해 전문기관의 자문을 활용해야 하는 시대이다.

일곱째, 부채가 많은데 빨리 상환할 수 있는 방법을 찾고 싶을 때이다. 대부분의 중년들이 주택 마련과 자녀 교육비를 위해 일정 금액의 부채를 가지고 있다. 자산 전체의 구조를 분석·평가해 조속한 부채 청산의 방법과 시기를 찾아내야 한다.

여덟째, 세금을 절세할 수 있는 방법을 찾고 싶을 때이다. 세금 정책은 일반인들이 이해하기 어렵다. 세금의 종류 및 세율 등에 대한 전문가의 도움을 통해 절세 방법을 아는 것이 곧 돈을 버는 것이다.

노후를 위한 재무 설계

퇴직과 은퇴를 앞둔 40~50대는 고소득을 위해 무리한 투자나 투기를 하기에는 위험한 시기이다. 베이비붐 세대는 내 집 마련에 올인

했던 세대이며, 자녀 교육과 결혼 등 무리한 지출로 금융자산이 부족한 상황이다. 현재 퇴직을 하거나 은퇴가 다가오는 40~50대는 노후 자금 마련과 자신의 재무 설계 목표 설정에 우선순위를 두어야 한다. 자신의 국민연금, 퇴직연금 및 개인연금을 분석하고, 미래 퇴직 시점의 현금 흐름을 평가해 숨 가쁘게 움직여야 한다. 우리나라 40~50대가 처한 재무적 위험에 대해 전문가들은 심각한 수준이라고 진단하고 있다.

주요 재무적 위험 요인은 다음과 같다.

첫째, 무리한 자녀 학비 및 결혼 자금 지원으로 인한 부담 가중

둘째, 노후를 위한 재무 설계 부재

셋째, 금융자산 비중보다 큰 부동산 자산

넷째, 언제 일자리에서 떠날 지 알 수 없는 미래

다섯째, 소득은 사라지거나 줄지만 지출은 줄일 수 없는 구조

노후를 위한 재무 설계는 부부가 함께 또는 온 가족이 함께 참여하고 결정하는 것이 바람직하다. 우선 현재 살고 있는 집을 팔거나, 지역을 옮기거나, 자녀 교육비 및 결혼 자금의 지원 규모와 방법, 은퇴 후의 생활비, 의료비, 예비 자금 등 가정의 전반적인 재무 목표와 재무 위험을 공유하면서 대안을 마련하는 합의가 중요하다. 금융자산을 확보하거나 늘리는 노후 재무 설계는 40~50대의 일자리 유

지 또는 재취업과 연계되어 있다. 은퇴 전에 금융자산 확보 노력과 새로운 수입의 확보 방안을 최대한 마련해야 한다. 또한 현금 흐름이 원활하고 균형 있는 수입과 지출의 분배 등을 가족 구성원과 다각도로 노력하고 실행하는 것이 중요하다.

30대 맞벌이 부부의 재무 설계 사례

37세 직장 여성 이지혜 씨는 동갑내기 남편과 4년 전 결혼해 내년에 출산을 앞두고 있었다. 늦은 결혼이지만 부부의 연봉을 합하면 7천만 원 정도였다. 출산을 대비해서 아파트 구입 계획을 세웠으나 모아놓은 돈이 없어 적지 않은 대출을 받아야 하는 형편이었다. 그녀는 남편과 함께 주택 구입과 자녀 양육에 대해 여러 가지 고민을 하고 있었다. 두 부부의 소득은 대부분의 직장인 소득보다 상당히 많은 편이고 당장의 저축율도 좋은 편이나 구체적인 재무 설계 계획이 없다는 것이 문제였다. 30대는 생애주기로 볼 때 미래의 위험 요소를 분석해 투자 방법을 신중하게 검토해야 하는 시기이다.

구체적인 재무 계획 없는 중·장기적 저축 상품과 보험 비중이 높아 주택 구입 전략과 함께 새로운 자산 형성 및 자산 목록을 정비해야 하는 상황이었다. 자녀를 출산하기 전이라 고정 지출이 많지 않은 편이긴 하지만 출산, 주택 구입, 미래 자산 운영에 대해 주거래 은행을 통해 재무 진단을 받았다. 출산을 할 경우, 휴직으로 인한 수입 감소와 양육비 증가 및 주택 구입 시 대출에 따른 융자금 상환 등 여러 가지 변수가 생긴다는 결론을 얻었다. 현재는 장기주택마련 저축 및 10년 납기의 개인연금, 청약예금 등 중장기적 저축 비중이 40%가 넘는다. 단기자금을 위한 정기적금과 CMA(종합자산 관리계좌)는 20%가 되지 않아 단기, 중기, 장기 자금에 대한 비율분배 조정이 필요하다는 전문가의 조언을 받았다.

　이 부부처럼 주택 구입, 자녀 출산으로 인한 소득 감소가 예상되는 경우 3~4년 미만의 단기금융 상품 비중을 40~50%로 관리하는 것이 안정적이고 수요에 적합한 현금 흐름을 확보하는 것이 바람직하다는 결론을 내렸다. 현재 살고 있는 주변의 $104m^2$(32평형) 아파트를 구입할 시 소요예산은 3억 3천만 원 수준이고 현재 현금 자산은 1억 6천만 원을 보유하고 있어 2억 원 정도의 대출이 예상된다. 아파트를 구입할 경우 은퇴를 위해 저축하고 있는 장기저축 상품인 개인연금을 제외하고 나머지 금융자산은 전부 해약해야 하는 상황이다. 주택 구입 전에는 월 300만 원 이상 저축이 가능하나 주택 구입 시 월 저축 금액은 100만 원으로 줄어든다. 자녀가 출산할 경우 1년 동안 3,500만 원의 수입이 감소되어 출산과 휴직 그리고 주택 구입에 따른 중대한 재무적 위험에 처하게 된다. 재무 설계 필요성과 방향성이 얼마나 중요한가를 알 수 있는 부분이다.

　본인의 출산과 휴직 그리고 주택 구입에 따른 다양한 재무적 판단과 결정은 40대 이후의 삶에 중대한 영향을 미친다.

　전문가들이 제시하는 해결책은 다음과 같다.

첫째, 대출금의 비율은 주택 가격 대비 20~30% 미만으로 잡아라. 출산 후 양육 기간 동안 소득 감소, 주택 가격 하락과 대출 금리 인상으로 인해 어려움에 처하는 경우가 발생할 수 있다. 주택 구입 시기를 늦추더라도 자기 자본 70~80%를 확보한 후 주택을 구입하는 것이 적절하다.

둘째, 월수입 대비 금융비용 비중을 20% 이내로 줄여라. 대출이 자와 원금 상환액이 소득 대비 20%가 넘으면 현금 흐름 관리가 어려워진다. 특히 이 경우처럼 출산 시에 소득이 급격히 감소할 경우 가계의 재무구조는 위험에 빠질 수 있다.

결론적으로 무리한 주택 구입은 바람직한 재무적 선택이나 판단이 아니라는 것이 전문가들의 진단이다. 주택 구입은 출산 후 일정 기간이 지나서 복직을 한 후에 실행하는 것이 현금 흐름에 좋은 영향을 줄 것이라는 말이다.

이 사례에서 보는 것과 같이 30대 중반의 재무 설계는 결혼, 출산, 주택 구입 등 중대한 재무적 요인을 전반적으로 검토하고, 소득의 일정 부분을 노후 자금으로 준비하는 것이 적절하다. 또한 연금 상품의 경우 중간 해약에 따른 소득세 공제 혜택 중지 등 불이익들이 어떤 영향을 미치는지 저축 상품 가입 시부터 현금 흐름과 미래 자금 확보 전략을 충분히 검토한 후 가입하는 지혜가 필요하다. 특히 30대는 재무적 선택에서 내 집 마련에 올인 해서는 안 되고, 자녀 학자금과 노후를 미리미리 준비하는 센스가 필요하다. 또한 맞벌이 소득을 믿고 부동산이나 주식 투자에 무리하게 뛰어들지 않아야 한다. 꾸준하게 현금 자산을 늘려 나가면서 양호한 현금 흐름을 유지하는 재무 설계 전략이 요구된다.

재무 _____ # 연봉보다 중요한 것은
미래의 소득

주도적인 자금 운용을 하라

재무 설계는 내 집 마련, 결혼 자금, 자녀 교육비 충당, 노후 자금 마련 등을 위해 돈에 끌려가는 것이 아니라 현금 흐름과 미래의 자금 활용을 주도적으로 하는 것이 목적이다. 재무 설계는 여유 있고 행복한 인생 2막을 보낼 수 있는 현재 그리고 미래를 위한 자금 흐름을 관리하는 것이다. 은퇴 예정자들에게는 현재의 연봉도 중요하지만 은퇴 후의 미래 소득이 더 중요하다. 미래 소득의 크기는 개개인의 입장에 따라 다르다. 현재는 높은 연봉을 받고 있지만 은퇴 후에는 현금 흐름이 원활하지 않은 경우가 있고, 현재 그리 높은 연봉은 아니지만 연금이나 부동산 임대 소득 등 현금 흐름이 잘 준비된 경우도 있다.

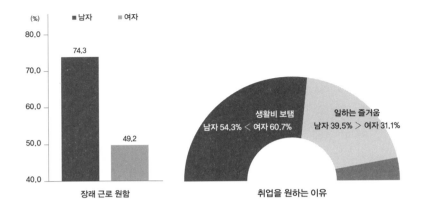

취업 의사 및 취업을 원하는 이유
(출처: 통계청 / 단위: %)

20~30대의 젊은 층은 현재의 월급 중에 상당량을 저축할 수 있다. 일찍 저축을 선택하고 실행한다면 장시간의 복리 계산에서 혜택을 받을 확률이 높다. 30~40년의 경제 활동 기간을 바탕으로 오랜 기간을 복리로 자금을 축적시킬 수 있기 때문이다. 100세 시대를 맞이해 인간의 수명은 늘어나고 다양한 여가 활동과 간병비 등 지출은 늘어나지만 80~90세까지 평생직장은 존재하지 않고 대부분의 직장인은 퇴직을 맞이하게 된다. 그래서 나이가 젊은 세대는 저축 기간을 늘리기 위해 현명한 판단을 내려야 한다. 맞벌이 부부들은 결혼과 동시에 재무 설계를 시작하는 것이 절대적으로 유리하다.

공공기관의 간부로 근무하는 박상출(54세) 씨는 자녀들이 대학에 입학할 때부터 재무 설계 교육을 강조했다. 정년을 앞둔 본인이 은퇴 준비와 미래 자금 준비가 부족함을 자녀들에게는 대물림하지 않기 위해서이다.

 "나 같은 베이비붐 세대는 주택 마련과 자녀 교육에 투자하느라 은퇴 준비를 하지 못했습니다. 지금 시작하려니 시간과의 싸움에서 불리하다는 것을 알았지요. 젊을 때부터 재무 설계에 대한 중요성을 알고 대처하지 못한 것이 후회스럽습니다. 20~30대는 많은 돈이 아니더라도 일정 금액을 저축하거나 연금보험에 가입하게 되면 자연스럽게 인생 2막 준비와 노후 준비가 될 겁니다. 그래서 자녀들에게 재산을 물려주지 못해도 재무 교육은 물려주고 싶습니다."

현명한 부모의 합리적인 선택이자 판단이라고 할 수 있다. 젊어서부터 미래를 준비하는 여유를 가지고 재무 목표를 세운다면 시간이 주는 장점을 활용해 다양한 부담을 줄일 수 있을 것이다.

은퇴 후 노후 자금, 3겹으로 준비하기

누구나 나이를 먹고 늙는다. 언젠가 직장에서 은퇴하고 법적 고령자인 65세가 될 것이다. 연령별로 재무 설계의 방법과 선택의 폭은 천차만별 다르다. 기본적으로 노후를 위해 최소한의 생활을 위한 자금과 다양한 취미와 여가 그리고 풍요로운 인생 2막을 보내기 위해 3겹의 연금을 준비하는 것이 필요하다. 3겹 또는 3단계의 대비책을 위한 준비는 나이가 적을수록 그 효과는 극대화된다.

우선 1단계는 국민연금이다. 가장 기본적이며 최저 생계비를 마련하는 장치이다. 공무원을 제외한 일반 직장인들은 자신의 소득 중에 9%를 40년간 납입하면 가입 기간 평균 소득의 49%를 매월 수령하게 된다. 평균 소득이 150만 원일 경우 735,000원을 수령할 수 있다는 계산이 나온다. 국민연금은 공적연금이다. 사회보장제도로 최소한의 생활을 보장하는 것이며, 소득 재분배가 목적이기 때문에 소득대체율이 낮은 편이지만 은퇴 후의 최저생활비로 중요한 기능을 할 것이다.

2단계는 퇴직연금이다. 퇴직연금제도는 사용자가 근로자에게 일시금으로 지급하는 제도에서 2005년 사용자 회사가 퇴직연금을 관리 운용하는 금융회사(퇴직연금사업자)에 적립하고, 퇴직연금사업자는 근로자가 퇴직 시 퇴직금을 지급하는 제도이다. 다양한 종류가 있는 퇴직연금은 누진해서 적립할 경우(퇴직 전 월평균급여 × 근무년수 = 퇴직금) 더 좋은 혜택을 받을 수 있다. 퇴직연금은 개인별·직장별 차이가 있기 때문에 근무하는 직장이나 퇴직금 운용회사에 알아볼 수 있다.

3단계는 개인연금이다. 국민연금과 퇴직연금은 소득이 있는 개인 또는 직장인의 경우 법적·의무적으로 가입해야 한다. 납입할 수 있는 금액도 한계가 있다. 그러나 개인연금은 개별적으로 소득 여건에 따라 다양한 상품과 금액을 자유롭게 선택할 수 있다는 장점이 있다. 내 경우는 월 50만 원을 퇴직연금으로 불입하고 있다. 다소 늦게 가입을 했지만 70세 정도부터 월 110만 원 정도의 연금을 수령할 예정이다. 개인연금의 납입 금액은 소득 금액의 15~20% 정도면 바람직하다는 것이 전문가들의 의견이다. 퇴직 연금도 나이가 적을수록 그리고 장기간 불입할수록 복리로 인한 효과가 크다는 것을 이해해야 한다.

재무 설계를 통한 노후 준비

재무 설계를 통해 노후 준비를 할 때 알아야 할 점은 다음과 같다.

첫째, 나이가 젊을 때 빨리 시작해야 효과가 크다. 가급적 직장 초년 시절부터 재무 설계에 대한 이해와 공부가 필요하다. 재무 설계에 대한 교육에 관심을 가지고 참여해 보라.

둘째, 소득의 일정 비율이나 금액을 적립하라. 자신의 현금 흐름과 소득 상황, 그리고 미래의 자금 운영 계획을 반영해 일정액을 장기간 적립해야 한다. 이 또한 재무 전문가들의 조언과 지도를 받아 구체적이고 장기적으로 설계하는 것이 필요하다.

셋째, 물가 인상분을 고려하고 소득이 늘어날 때 저축율도 높여라. 노후를 위한 재무 설계는 나이에 따라 기간이 10~30년 이상일 경우가 있다. 기간이 길 경우 물가 상승을 상쇄할 수 있는 전략을 마련해야 한다. 이자율과 물가 상승률 등 경기 변수에 따라 복잡한 선택과 결정이 요구되기 때문에 전문가의 도움을 통해 장기적이고 과학적인 분석이 필요하다.

노후를 위한 재무 설계는 개인의 소득, 투자 성향, 기간 등을 고려해서 투자 상품을 선택하고 최대한의 수익률을 만들어 나가는 전략이 필요하다. 재무 설계는 전략이다. 퇴직 또는 은퇴 후, 노후 생활을 위한 자금의 규모와 매월 생활비 또는 필요 금액을 예측하거나 산정한 후 노후 자금 마련 방법을 선택해야 한다. 가급적 전문가의 상담과 진단을 통해 본인의 노후 생활에 필요한 현금 흐름을 만들고, 부족할 경우 새로운 일을 통한 수입을 만드는 방법을 모색해야 한다. 앞에서 말한 3단계의 노후 자금 마련은 개인별, 취향별, 지역별, 가족 구성별로 다양할 것이다. 개인적인 준비 방법 또한 천차만별일 것이다. 재무 설계를 부유한 계층이나 하는 것으로 막연하게 생각하는 우를 다시는 범하지 말고, 자신에게 적합한 교육과 배움을 통해 구체적인 대안을 마련하는 지혜가 필요하다. 미래를 막연하게 생각하거나, 재무 설계를 남의 일이라 판단한다면 인생 2막 또한 막연할 것이고 남의 일이 될 확률이 높다.

한국재무설계(주)는 연봉보다 중요한 미래의 자금과 소득을 위해 다음 3가지 조건을 강조한다.

첫째, 장기투자를 하라. 복리라는 시간의 마술을 활용하라. 최소 10년 이상 투자해야 적은 수익률이라도 반복적으로 이자를 발생시켜 미래의 소득을 만들 수 있다. 장기 투자의 효과이다.

둘째, 수익률을 키워라. 작은 공보다는 큰 공으로 눈사람을 만드는 것이 더 큰 수익률을 올릴 수 있다. 작은 공과 큰 공의 차이를 줄이기 위해 시간 차이를 이용할 수밖에 없다. 복리 효과를 누리기 위해서는 실질 물가 상승률을 웃도는 수익률이 있어야 효과가 있다.

셋째, 지속적이고 안정적인 수익 창출의 틀이 필요하다. 10년이나 20년 동안 매년 4~5%라도 수익을 내는 것이 중요하다. 10%로 1~2년 수익을 내고 나머지 기간은 마이너스가 되는 경우는 결국 손해를 보게 된다. 아주 고소득은 아니지만 일정 기간 지속되는 수익 창출은 중요한 자산운용의 기술이다.

추가 소득원을 만들어라

재무 설계로 달라진 생활 모습

갑작스럽게 권고사직을 당한 이정민(55세) 씨는 특별히 모아 둔 돈도 없고 일정하게 지불해야 하는 대출금 이자로 월 50만 원을 갚아 나가고 있다. 막막한 상태에서 여기 저기 재취업 지원을 신청해 놓았지만 방법이 떠오르지 않았다. 잘 알고 지내던 지인의 추천으로 우선 재무 설계를 받아 보기로 했다. 4억 원 정도의 아파트 1채와 1억 3천만 원의 대출금이 있었고, 월 40만 원의 국민연금이 수입금의 전부였다. 재무 전문가와의 상담을 통해 단기적으로 거주하는 아파트를 매각하고 외곽의 작은 아파트로 이사하고 월 100~150만 원의 수입을 올리는 일자리를 찾도록 권고받았다. 매월 50만 원의 이자 부담을 줄이는 것이 급선무라는 전문가의 말을 따른 것이다.

새로 이사한 지역의 인근 공장에서 잡일을 하면서 월 160만 원의 수입과 국민연금 40만 원을 합쳐 200만 원의 수입을 확보했다. 아내 또한 새로운 일자리를 찾아 월 90만 원의 수입을 올리게 되었다. 재무 설계를 통해 퇴직으로 인한 막연한 불안감과 좌절감으로부터 벗어나고 안정된 새로운 삶을 살게 된 것이다.

　그럼 재무 설계를 통해 어떤 것이 바뀔까?

　첫째, 막연한 걱정과 두려움에서 벗어날 수 있다. 구체적인 인생 계획을 만들어 실천하고 이루면서 행복을 극대화 시킬 수 있을 것이다. 자신의 규모에 맞는 재정 계획을 바탕으로 인생의 구체적인 방향과 희망을 찾을 수 있다.

　둘째, 전문가의 조언과 도움을 바탕으로 예금, 연금보험 가입, 부동산 투자 등 재테크의 기술과 전략을 통해 위험에 처하기 전에 선제적으로 건강한 재무 상태를 유지할 수 있다.

　셋째, 지속적이고 정기적인 재무 설계와 실행을 통해 개인과 가계의 재무적 건전성을 확보하고, 위기 발생시 즉각적인 대처와 해결 방안을 마련할 수 있다.

　넷째, 현금 흐름에 대해 예측하고 항시 준비를 통해 금융시장이나 경제의 변동에 능동적으로 대응하거나 대처할 수 있다.

　다섯째, 당장의 효과를 보기 위한 처방보다는 미래의 위험을 예방하는 준비를 통해 정신적으로나 물질적으로 여유로운 삶을 살아갈 수 있다.

소득이 있을 때 대비하라

대기업에서 부장급으로 근무하다 6년 전 명예퇴직을 한 박한진(62세) 씨는 동네의 상가빌딩 야간 경비원으로 5년째 일하고 있다. 명예퇴직 직후 퇴직금과 일부 대출금으로 식당을 개업했다가 실패한 뒤로 현재까지 일을 떠날 수 없었다. 부인도 시간제 일자리로 일하고 있지만 대학을 다니는 자녀의 교육비와 결혼 자금 지원으로 인한 부채가 있어 어렵게 살아가고 있다. 경비원 자리도 나이가 많으면 구하기 어려운데 박 씨의 어려운 사정을 알고 지인들이 마련해 준 자리이다. 앞으로 얼마나 일을 할 수 있을지 불안과 걱정이 많다.

노후 준비와 재무 설계를 대수롭지 않게 생각한다면 큰코다친다. 고령화 사회에 노후의 삶을 위해서는 철저하게 준비하고, 최소한의 미래의 현금 흐름을 준비해야 한다. 재무 설계는 소득이 있을 때 꾸준하게 준비하고 대비해야 한다. 본인뿐만 아니라 가족의 안정적인 생활을 위해 추진하는 재무 설계는 최소한의 노후를 보장하는 장치이다. 재무 설계를 동반한 노후 설계가 없다면 가난한 노후만이 기다리고 있다. 재무 설계는 현 시점에서 장기적으로 미래를 보고 구체적인 자금 흐름과 생애주기별로 적합한 수입과 지출을 토대로 좀 더 나은 삶을 살기 위해 사전에 예지하는 과정이다. 전문가의 상담과 지원을 통해 미래에 일어날 위험 요소들을 제거하거나 충격을 완화시키는 것이 중요 포인트이다.

재무 설계에 대한 그림을 그렸다면 구체적 실천 방안을 마련하고 실행해야 한다. 목표 자금을 마련하기 위해 저축 금액을 늘리거나, 일자리를 통해 소득을 높이는 등 구체적 계획과 실천 방안은 재무 설계의 핵심이다. 보유 부동산의 처분, 융자금의 상환 계획, 불필요한 지출, 무리한 사교육비 및 경조사비, 외식비 및 문화비 등의 감축 방안 등 수입 지출의 정확한 분석과 실행은 빠르면 빠를수록 좋다. 개인과 가정의 재무 목표를 구체화해 우선순위를 정하고 실천 방안과 해결책을 마련해야 한다. 무조건 저축을 한다거나 지출을 줄이는 단순한 과정은 아니다. 생애주기별로 중요한 사건이나 우선순위를 정해 저축과 투자 방법을 선택하는 것이다.

또한 재무 설계는 일정 기간별로 실행 계획과 재무 목표를 수정 보완 또는 재분석해 대안이나 해결책을 마련해야 한다. 경제 및 경기변동에 따른 수정·보완이 필수적이고, 가정의 상황 변화, 정부 경제 정책 및 금융 환경의 변화, 사회와 생활환경의 변화 등 다양한 요인에 의해 변경과 재설계가 정기적, 전문적으로 이루어져야 한다. 재무 설계의 핵심은 재무 목표가 생겼을 때 원활한 현금 흐름을 통해 현금 통제력을 높이는 것이다. 재무 목표, 미래의 현금 흐름 예측을 통해 자유로운 재무적 의사 결정을 할 수 있다면 행복한 현재와 미래를 보장받을 수 있을 것이다.

일 ____ 배움과 경험의 마일리지를 쌓아라

인생의 마일리지 쌓기

대부분의 직장인들은 직장을 구하기 위해 대학 또는 대학원에서 학위를 받고, 직장에서는 조직 적응이나 직무에 필요한 훈련에 참여한다. 대학에서는 스펙 쌓기에 바쁘고 직장에서는 업무 중심의 훈련이 이루어진다. 직장인들은 야근 및 휴일 근무 등 장시간 근로 문화 때문에 자신을 위한 시간을 확보해 자기 계발을 하기가 그리 쉬운 일이 아니다. 자기 계발을 한다 해도 외국어나 업무 관련 자격증에 한정되어 있다. 제2의 인생을 위한 자기 계발에 시간을 투자하기란 무척이나 어려운 실정이다. 사회의 발전 속도는 빛의 속도로 빠르게 변화해가고 있다. 거대조직의 부속품으로 살아온 경험과 지식은 은퇴 후 조직 밖 세상에서는 거의 효용가치가 없다.

배움이란 '공부하며 익힌다'는 뜻으로 새로운 지식이나 교양을 얻거나, 새로운 기술을 익히는 것이다. 남의 행동이나 태도를 본받아 따르는 것도 속한다. 마일리지(mileage)는 기업들이 고정 고객 확보를 위해 서비스나 상품의 이용 실적에 따라 점수를 부여하고 누적된 점수에 현금 기능을 부여해 추가로 사용하도록 하는 마케팅 전략의 하나이다. 항공사가 한국에서 미국 뉴욕으로 비행기를 이용한 승객에게 그 거리인 6,882마일만큼의 마일리지를 제공한다고 할 때, 같은 항공사를 이용할 때마다 마일리지는 축적되고, 고객들이 원하는 서비스나 현금처럼 사용할 수 있다. 궁극적으로 회사는 고객의 충성도를 높임으로써 고정 고객을 확보하게 되고, 고객은 그에 상응하는 혜택을 챙길 수 있다.

배움도 마찬가지이다. 인간은 인생을 살면서 끊임없이 배우는 과정에 있다. 40~50대 직장인들의 경우 초, 중, 고를 졸업하고 대학 공부까지 마일리지를 쌓은 사람들이다. 원하는 대기업이나 공기업, 또는 일반 직장에 취직해 직장에 필요한 지식을 얻기 위해 배워왔다. 어학이나 자격증 등 많은 자기 계발과 공부를 개인적으로 하면서 마일리지를 쌓아왔다. 하지만 그동안 직장에서 쌓은 배움의 마일리지는 은퇴 후에 항공마일리지처럼 현금이나 서비스로 바꾸어 쓸 수 없다. 그동안의 배움에 대한 투자가 헛수고인 경우가 많다. 학교를 졸업하고 30년 가까이 치열하게 직장에서 마일리지를 쌓았던 40~50대와 퇴직을 한 60대는 현실을 점검할 필요가 있다.

배움에 대한 열망으로 쌓아 두었던 배움의 마일리지를 현금이나 미래 자산으로 바꾸어 쓰고 있는가? 또는 자신의 인생 2막의 자산으로 바꿀 수 있는가? 대부분의 직장인들이 시간과 돈을 들여 축적한 배움의 마일리지가 무용지물이 된 경우가 많다. 단기적 스펙 중심의 배움이기 때문이다. 그러나 퇴직 또는 은퇴 후에 배움의 마일리지를 잘 활용해 또 다른 수입을 만들면서 인생 2막을 행복하게 살아가는 사람들도 있다. 이 사람들은 배움의 마일리지를 제대로 모아 두고 활용하는 경우이다. 배움의 마일리지는 일관성 있게 어떤 분야에 충성심을 보였느냐에 따라 양과 질이 결정된다. 여기저기 값싼 항공사를 찾아다니며 이용했으면 항공마일리지의 추가 혜택은 전혀 없거나 효용가치가 없다. 선호하거나 가치 있는 항공사만을 집중 이용했거나, 비즈니스 클래스나 퍼스트 클래스를 이용했다면 마일리지의 양과 질은 크게 차이가 날 것이다.

전문성을 살린 배움

배움의 경우에도 스펙 중심의 자기 계발이나 학습은 질과 양에서 별 의미가 없을 수 있다. 어학이나 자격증 공부에 매달려 본 사람은 이해가 될 것이다. 많은 시간과 돈을 쏟은 대가가 만족스럽지 않다는 것이 현실이다. 어학이나 자격증이 배움의 마일리지가 되지 못하는 것은 직장에서 승진이나 임금 협상을 위한 스펙 중심의 일시적인 투자이기 때문이다. 자기 자신의 경력 개발과 전문성을 축적하는 배움이 되지 못했다는 말이다.

대학부터 직장인이 되어서까지 많은 시간을 배움에 투자했던 40~50대 직장인들은 경력 단절을 맞이해 사회와 조직의 변화에 어떻게 대처해야 할지 방황하고 있다. 과거에는 그동안의 배움을 바탕으로 직장을 선택해 20년 이상 근무할 수 있었다. 사회적으로 큰 잘못이나 회사에 치명적인 피해를 주지 않으면 일정 시점까지 퇴직을 보장받았다. 좋은 대학을 나오고 다양한 스펙을 축적한 것에 대한 자부심도 있었다. 산업사회에서는 대학이나 기술 현장에서 배운 지식과 기술로 오랜 시간 밥벌이를 할 수 있었다. 그러나 현재의 상황은 전혀 그렇지 못하다. 산업사회에서 지식정보화 시대로 패러다임의 변화가 너무 빠르고 크다. 시대의 흐름을 읽어낸 사람은 배움의 방식과 마일리지를 쌓는 방식의 변화를 통해 '1인 기업가'가 되거나 새로운 삶을 준비 중이다. 자연스럽게 인생 2막을 갈아타는 도구를 얻은 것이다.

대부분의 경력 단절 여성과 은퇴 남성들의 과거의 배움은 사용불가인 경우가 많다. 오히려 과거의 습관과 고정관념이 살아가는 데 걸림돌이 된다. 현재 중장년의 직장 현실은 언제 세상 밖으로 떠나야 하는 처지로 바뀔지 모른다. 현직에 있을 때 새로운 배움의 마일리지를 만들어야 한다. 과거의 경험과 배움의 마일리지를 정리하고, 새로운 배움의 마일리지를 축적해야 한다. 새로운 배움은 미래를 결정하는 데 중대한 영향을 가져올 것이기 때문에 자기의 현재 상태를 점검하고 강점을 토대로 분석하고 전략적으로 실행해야 한다.

스티븐 코비의 저서『성공하는 사람들의 8번째 습관』에 "알고도 행하지 않으면, 실제로 모르는 것이다. 배우고 실천하지 않으면, 실제로는 배운 것이 아니다. 이해하고 적용하지 않으면, 실제로는 이해한 것이 아니다. 지식과 이해를 자기 것으로 만드는 길은 실행과 적용뿐이다"라는 내용이 나온다. 이처럼 배움이 행동을 통해 성과로 이루어지지 못하면 무슨 의미가 있을까? 지금 내가 속해 있는 직장이나 조직에서 얻은 경험과 배움의 마일리지를 이용해 먹고사는 것을 넘어서서 자기의 꿈을 실현하며 살아가거나 다른 사람을 도우며 살아가는 것은 더욱 가치 있고 행복한 삶이다. 그렇지 않다면, 다시 먹고사는 문제를 해결하기 위해 어디에선가 시간과 몸을 파는 인생 1막을 반복해야 한다.

출퇴근 시간은 움직이는 도서관

나는 직장 생활 30년 이상 장거리 출퇴근을 했다. 맞벌이 부부였는데 살고 있는 집에서 직장까지 버스나 지하철로 1시간 반, 왕복 3시간이 걸렸다. 하루 3시간의 출퇴근 시간은 어찌 보면 직장인의 비극이다. 새벽에 일어나고 밤늦게 집에 도착하는 힘겨움의 연속이었다. 출퇴근하는 것이 힘들어 직장을 그만두고 싶을 때가 한두 번이 아니었다. 그러다 출퇴근 시간 3시간을 배움의 시간으로 바꾸기로 했다.

지금의 나를 만든 것은 나만의 '움직이는 도서관'이었다. 지하철을 내 사설 도서관이자 '움직이는 배움터'로 만들었다. 하루 3시간의 출퇴근 시간을 공부하는 시간으로 만들기로 생각을 바꾼 것이다. 당시 30대 초반이었는데 방송통신대학교 영어영문학과를 입학해 출퇴근 시간에 워크맨을 들었고, 주말에는 도서관을 찾아 배움의 마일리지를 쌓았다. 5년 정도의 시간과 열정을 투자해 얻은 마일리지는 영어영문학 학사라는 결과물로 바뀌었다. 영문학 공부를 토대로 해외 연수 과정으로 미국 유학도 다녀왔다. 업무 추진에 필요한 국제 업무, 금융, 부동산 등 업무를 위해 MBA도 획득했다. 현재는 출근 시간 1시간, 점심시간 1시간, 퇴근 시간 1시간을 독서와 책 쓰기에 활용하며 또 다른 인생 2막의 마일리지를 쌓아가고 있다. 나는 이러한 활동이 인생 2막의 삶을 업그레이드 시킬 수 있을 것이라 확신한다.

퇴직과 은퇴를 맞이하며 인생 2막을 준비하고 있는 이 시대의 직장인들은 자신의 분야에서 많은 지식과 경험을 가지고 있다. 다양한 지식과 경험을 통합하고, 새로운 배움의 마일리지를 쌓으면, 자신의 인생 2막 여행 등급을 올릴 수 있다. 더 나아가 그동안의 삶과 인생의 가치를 사회와 다른 사람을 위해 활용할 마일리지가 될 수 있을 것이다. 자기 자신에게 적합한 새로운 배움의 마일리지를 쌓아라.

일 ——— 자신의 콘텐츠로 퍼스널 브랜딩하라

회사 이름이 없는 나만의 브랜드

브랜드(Brand)란 용어는 원래 불꽃이라는 어원을 갖고 있는데, 여기에서 '타고 남은 것'이라는 의미가 파생했고, 그것이 가축 등에 찍는 소인(燒印)으로 확대되었다. 그러다 오명 또는 낙인이라는 뜻을 갖게 되었지만, 오늘날엔 주로 상표(Trademark)나 특정 상품·기업을 가리키는 용어로 쓰이고 있다. 패트리셔 애버딘(Patricia Aburdene)은 브랜딩이란 '어떤 기호를 보고 연상하게 되는 독특한 반응을 통해 어떤 특정한 특성들의 집합을 선호하게 만드는 과정이며, 브랜드는 소비자로 하여금 어떤 기대감을 갖게 만드는 것'이라 정의하고 있다.

　아침에 출근할 때 지문인식을 통해서 출근 시간을 체크하거나 다른 기관을 방문할 때 신분증을 체크하거나 제시한다. 회의를 가거나 미팅이 있을 때는 각자 명패를 놓고 참석하는 사람들끼리 명함을 주고받으면서 상대방이 누구인지를 확인하게 된다. 사내에서는 명찰이나 사원증을 달고 다니도록 한다. 어느 모임이나 회의에서 자기를 소개할 때에도 회사 이름, 담당 업무, 직위와 이름을 소개한다. 명함을 통해서 다른 사람들은 내가 '그런 사람'임을 명확히 알게 된다. 그렇다면 회사와 이름을 빼고 '내가 누구인지'를 명확하게 설명할 수 있는가?

상품의 경우도 브랜드가 지배한다. 자동차, 시계, 스마트폰, 의류, 신발, 가방, 액세서리 등과 같은 제품은 물론 아파트와 농산품까지 모든 상품과 제품에 브랜드가 있고, 브랜드파워가 시장을 지배하고 장악하게 된다. 강호동, 김연아 같은 운동선수 출신과 연예인은 개인의 이름과 얼굴 그 자체가 브랜드이다. 브랜드파워는 말로 다 표현할 수 없을 만큼 대단하다. 특히나 대부분의 사람들은 명품 브랜드에 열광하고 그 욕망을 채우기 위해 짝퉁 제품으로 대리만족을 느끼기도 한다. 왜 많은 사람들이 자기가 선호하는 기호품의 브랜드에 열광하면서 자기 자신을 브랜드로 만드는 데는 무관심할까? 아마도 스스로 브랜드가 된다는 것이 그리 쉽지 않기 때문일 것이다. 다른 말로 말하면 퍼스널 브랜드를 만드는 것이 어렵다는 것인데, 일단 만들어서 브랜딩이 된다면 개인의 성공을 보장한다는 뜻이기도 하다. 직장의 이름과 직위가 자기의 브랜드라 생각하고 살아가는 직장인들은 어느 날 갑자기 직장을 떠나게 된다. 그 순간 자신의 직장과 직위가 들어 있는 명함이 자신의 브랜드가 아님을 알게 된다. 몸 담고 있는 직장을 떠난 후에도 자신의 독자적 브랜드가 있다면 세상을 살아가는 데에 더욱 의미가 있을 것이다.

퍼스널 브랜드 개발

20~30년간 직장에 올인 했던 대부분의 직장인들, 특히 40~50대의 직장인이 퍼스널 브랜드를 개발한다는 것은 그리 쉬운 일이 아니다. 과거에는 그런 브랜드의 필요성도 없었다. 그러나 직장 문화와 직업관이 변화되었고, 개인의 존재 방식을 결정하는 퍼스널 브랜드가 개인의 경제적·사회적·정서적 안정감과 지배력을 가지게 되었다. 그러므로 직장인들은 자신의 직장 명함 대신 '퍼스널 브랜드'를 만드는 데 눈을 돌려야 한다. 그동안 직장의 명함으로 자신의 정체감을 표시했다면, 이제부터 '나'라는 브랜드를 만들고 브랜드의 가치를 높이는 방법을 찾아내야 한다. 배움의 마일리지와 전문성을 바탕으로 한 자기만의 브랜드와 스토리는 나 자신이 새로운 임무를 수행하는 상표가 되는 것이다.

씨름선수였던 강호동은 그의 큰 얼굴과 표정, 몸짓과 말투, 헤어스타일 등이 퍼스널 브랜드가 되었다. 코미디언 송해는 전국노래자랑의 진행자로 퍼스널 브랜드가 되었다. 앞으로 일반 개인들도 다양한 환경에서 '나'란 정체성을 나타내며, 그 정체성에 브랜드 이미지를 담아서 시장과 다른 사람들의 가슴속에 자리매김 해야 한다. 평범한 직장인인 나는 나 자신을 분석해 내가 하고 싶고 원하는 일을 발견하겠다는 고민 끝에 작가, 강연가로 나를 브랜딩 하고 '1인 기업가'의 길을 준비하고 있다.

우리 모두는 각자가 원하는 소중한 가치가 있다. 그 가치를 어떻게 표현하고 표출할 것인가에 대한 깊은 고민과 배움을 통해 새로운 브랜드를 탄생시켜야 한다. '퍼스널 브랜드'에 대한 확신과 신념을 가지고 세상과 관계 맺을 수 있는 '나'라는 브랜드를 만드는 전략을 수립해야 한다.

인간은 높은 가격을 지불하며 명품을 소유하고 경험하려 한다. 강력한 브랜드 이미지와 가치에 매료되기 때문이다. 명품 브랜드의 물건을 구매할 때는 자기 자신과 제품을 동일시하는 경우가 있다. 자신이 명품이 된 듯한 착각에 빠지고 가격에 현혹된다. 어떤 포도주 회사가 포도주 시음회를 하면서 똑같은 포도주에 다른 가격표를 붙여서 맛을 보게 했다. 소비자들은 시음회를 통해서 비싼 가격이 붙은 포도주의 맛이 더 좋다는 평을 내렸다. 유명인들의 소장품이나 미술 작품들을 경매할 때도 마찬가지이다. 가격을 높게 매길수록 낙찰되는 경우가 많다.

그럼 나의 몸값은 얼마인가? '나'라고 하는 브랜드의 가치는 얼마나 될까? 지금 내가 받고 있는 연봉이 나의 가치일까? 아니다. 지금의 내 몸값은 브랜드 가치도 아니고 조만간 물거품처럼 사라질 것이다. 직장을 떠나야 할 40~50대 직장인은 그동안의 일의 경험과 지식을 기반으로 지금 '나'라는 퍼스널 브랜드를 만들 기회와 타이밍이다. 당장 브랜딩 작업에 착수하라.

전문성을 갖춘 '나'라는 브랜드

브랜드 전략가 스콧 탤고는 "이 세상에서 가장 중요한 것은 우리가 어디에 있느냐가 아니라 어디로 가고 있느냐이다. 당신의 마음을 사로잡는 브랜드는 행동을 유발시킨다. 당신의 영혼을 사로잡는 브랜드는 헌신을 야기 시킨다"고 말했다.

40~50대 직장인들은 지금 어디에 있는가? 그리고 어디로 가고 있는가? 아마도 각자의 직장에서 직위와 이름이 적힌 명함을 가지고 밥벌이를 위해 고군분투하고 있을 것이며, 경력 단절과 은퇴로 가고 있을 것이다. 그동안 명함 속에 또렷하게 새겨진 '해야만 할 일'을 위해 밤낮으로 뛰었다면, 그 명함이 진정 자신의 '브랜드'이며 나의 전문성인가를 고민해야 한다. 더 나아가서 그동안 '하고 싶은 일'들의 목록을 뽑아내서 '나'라는 퍼스널 브랜드를 만드는 계획과 전략을 짜라.

전 세계적으로 경제 위기와 기업의 구조조정은 지속될 것이고, 현재 직장인의 명함에 적힌 직장과 직위는 언제 어떻게 될지 모르는 세상이다. 우리는 지금의 삶의 방식을 바꾸고 싶어 한다. 매일 반복되는 이대로의 인생에서는 인생 2막에 대한 답을 발견할 수 없다. 지금이 결심해야 할 적당한 때이다. 그동안의 지식과 경험을 토대로 '1

만 시간의 법칙'과 자기만의 배움의 법칙을 적용해 '나'라는 브랜드를 탄생시키고 나만의 삶의 방식, 내가 바라던 삶의 방식을 만들어야한다. 그리고 '나'라는 브랜드가 세상과 소통할 수 있는 방법을 찾아야 한다.

미래 명함에
꿈과 스토리를 담아라

일

자신만의 스토리를 담은 책 쓰기

요즈음 많은 사람들이 책 쓰기에 도전하고 있다. 자신의 저서를 통해 삶과 지식을 정리하고 또한 알리는 도구로 활용하는 것이다. 책은 자신의 브랜드가 되고 영향력을 갖게 한다. 20~30년 동안 살아온 자신의 경험과 지식을 기반으로 책을 쓰며 제2의 인생을 살아가는 '1인 기업가'들을 많이 볼 수 있다. 나도 몇 년 전부터 생각만 해오던 계획을 3년 전부터 야간과 주말을 이용해 책 쓰기를 시작해 현재 두 번째 책을 쓰고 있다. 그동안 치열하게 살아왔던 삶의 이야기 그리고 인생 이야기를 통한 책 쓰기 그리고 그 동안 꿈꾸어 왔던 새로운 분야를 위한 준비로 책을 쓰는 것이다. 책 쓰기는 제2의 인생을 준비하는 중장년에게 도전이자 기회이다.

"책을 쓰기 시작한 것은 나 자신의 부족함을 채우기 위한 것이 었습니다. 지방대 출신으로 농협에 취직한 뒤 남들보다 뭐라도 한 가지는 뛰어난 점이 있어야 한다고 생각했습니다. 고민 끝에 내린 결 론이 책을 쓰는 것이었지요."

그는 1974년에 농협에서 근무를 시작해 창구에서 고객을 대했 던 경험을 토대로 『고객응대』라는 첫 번째 책을 쓰고 난 후 여러 권 의 책을 펴냈다. 모든 직장인처럼 그도 늘 시련과 힘든 직장 생활 속 에 좀 더 나은 삶을 열망했을 것이다. 물론 일반 직장인들이 책을 쓴 다는 것은 만만치 않다. 매일 빡빡하게 굴러가는 가정과 직장 상황 속에서 일정한 시간을 독서와 자료 수집에 할애한다는 것은 힘거운 일이다. 그러나 어려운 상황을 극복하고 자신을 단련시켜 책을 쓰고 난 후에는 작가, 강연가로 활동하며 인생 2막을 더 가치 있고 바쁘 게 살아갈 수 있다.

퇴직과 은퇴를 앞둔 많은 중장년 직장인들이 고민하는 것은 직 장을 떠나 어떻게 살아갈까에 대한 답을 찾는 것이다. 과거의 화려 한 스펙과 직위도 이제는 별 소용이 없다. 조직 속에서 부분으로 살 아왔던 과거가 자신의 능력이라 착각해서는 안 된다. 미래 사회는 기능과 기술로 살아갈 수 없다. 기술과 기능을 팔고 자신의 몸과 시 간을 팔아 돈을 버는 시대가 지났다고 전문가들은 말한다. 자기만의 스토리와 콘텐츠가 있어야 한다. 자기가 경험하고 배우며 만들어 낸

스토리는 세상에 유일한 콘텐츠이다. 대량생산 시대에 획일적으로 만들어 낸 기술이나 기능은 점점 사라지고 있다.

책 쓰기는 선택이 아닌 필수

직장인이나 인생 2막을 준비하는 중장년들이 책을 써야 하는 이유는 많이 있다. 『직장인, 딱 3개월만 책 쓰기에 미쳐라』의 저자 이은화는 직장인들이 책을 써야 하는 5가지 이유를 다음과 같이 정리했다.

첫째, 책 쓰기는 최고의 자기 계발이다.

둘째, 사회적 영향력이 크다.

셋째, 개인 브랜딩을 할 수 있다.

넷째, 새로운 인생 2막의 기회가 된다.

다섯째, 세상에 선한 영향력을 펼칠 수 있다.

과거의 지식과 경험을 정리해 책을 쓰거나, 새로운 기술을 배우거나 귀농·귀촌 과정 매뉴얼을 만드는 것은 마지막 자기 계발이다. 진정한 전문가가 되기 위한 시작이기도 하다. 책을 통해 어느 회사의 어떤 직위를 가지고 있는 직장인에서 작가로의 영향력을 가지게 된다. 또한 자기 이름 석자가 명함이 되고 강연이나 기고를 통해 세상에 기여할 수 있는 기회도 생긴다. 책 쓰기 워크숍에서 몇 차례 만난 이은화 작가는 책을 쓰고 난 후 현재 모 국가기관의 교수가 되었다고 했다. 책을 쓰고 난 후 인생이 달라지고, 영향력을 가지게 됐으며 전문가의 길을 가고 있는 것이다. 즉 자기 자신이 브랜드가 된 것이다. 수입과 명성을 얻을 수 있는 기회이기도 하고, 40~50대 중장년의 인생이 담고 있는 다양한 경험과 지식을 프로그램화 해 다른 사람에게 도움을 주거나 해결방안을 줌으로써 다른 사람의 인생도 변하게 할 수 있다. 나도 박사학위라는 꿈을 접고 책 쓰기 공부를 시작했다. 직장에서 하던 일을 '내부 전문가', '직장 내 1인 기업가'로 전문성을 확보했고, 현업을 바탕으로 한 지식과 경험을 토대로 책 쓰기에 도전했다.

자신의 마음을 믿고, 자신이 경험한 인생에 대한 확신을 키워 나가야 한다. 글쓰기를 배우는 길에는 많은 진리가 담겨 있다. 실천적으로 글을 쓴다는 의미는 궁극적으로 자신의 인생 전체를 충실하게 살겠다는 뜻이다. 글쓰기는 매번 지도 없이 떠나는 새로운 여행이다. 글쓰기는 훈련을 통해서만 실력을 쌓을 수 있다.

나는 초등학생 때부터 축구를 좋아해서 지금까지 운동을 하고 있다. 직장 동호회와 조기축구회 감독을 하면서 한 경기의 시합을 준비하기 위해 몇 개월 동안 연습한 적도 있다. 축구 한 경기를 위해 몇 개월 혹은 몇 년을 연습하고 훈련하는 것처럼 한 권의 책을 쓰기 위해서는 많은 연습과 생존 독서를 통한 배움과 깨달음이 요구된다. 자신의 꿈을 실현하기 위해 치열하게 책 쓰기를 배우고 연습해야 한다. 경력 단절과 은퇴를 종점이라 생각하지 말라. 경력 단절과 은퇴는 새로운 곳으로 떠나는 버스에 승차한 것에 불과하다. 은퇴 준비를 책 쓰기로 시작하면 어떨까? 자신의 전문성을 더욱 확실하게 만들고 정교하게 하는 과정이 될 것이다. 나는 남아 있는 생애 동안 3,000권의 책을 읽고 100권의 책을 쓰기로 계획했다.

대부분 직장인은 조직의 일부 업무를 담당하는 일종의 부품 역할을 해 왔다. 거대조직의 부분을 담당하면서 전체를 수행하고 있다는 착각 속에 살아왔다. 전체 속의 부분으로 수행했던 능력과 경력은 인생 2막을 살아가는 도구가 될 수 없다. 직장이라는 울타리 속에서 20~30년간 해 온 일은 직장을 나오는 순간 제로가 되고, 나의 역할과 기능은 끝이 난다.

책 쓰기는 나 홀로 나의 콘텐츠를 만들어 가는 길이다. 자신만의 창조적 편집을 통해 자신의 콘텐츠를 만들고 브랜딩 해 시장에서 가치를 만들어 내야 한다. 즉 내가 가지고 있는 과거의 능력과 기능으로는 더 이상 세상을 살아갈 수 없다. 책 쓰기는 자신의 지식을 체계화 하는 과정이고, 자기 자신의 콘텐츠를 개발하는 과정이다. 내 이름으로 쓴 책은 나의 브랜드이며, 인생 2막에 부가가치를 창출할 수 있는 최고의 수단이다. 책 쓰기에 인생을 걸어 보라.

일 _____ 8만 시간을 여행할 준비물

여행에 꼭 필요한 계획과 준비물

몇 년 전 미국에서 산 적이 있었는데, 그때 여름방학을 맞이해 2개월 정도 미국, 캐나다 일주 여행을 했다. 여행 가기 한 달 전부터 여행지와 숙소를 정하고 차량을 준비하고, 다섯 식구가 먹고 마시고 입을 것들을 준비했다. 기본 식량으로 쌀 20킬로그램, 볶음 김치, 멸치볶음, 고추장 조림 고기 등 오랜 여행 기간 동안 상하지 않을 밑반찬과 먹을거리 그리고 전기밥솥과 같은 취사도구 등 준비물은 필수품이었다. 비용을 절약하기 위해 호텔에서 제공하는 조식과 특별한 지역 음식을 사먹는 것을 제외하고는 직접 밥을 해먹으며 드넓은 미국 동서부와 캐나다의 국립공원을 누비고 다녔다. 두 달 정도의 여행에도 치밀한 계획과 많은 준비물이 필요했다.

은퇴 후 8만 시간을 여행할 준비물은 어떤 것이어야 할까? 잠깐의 여행보다 더 정교하고 치밀하게 그리고 다양한 사항들을 준비해야 할 것이다. 삶의 방식과 태도에 따라 인생 2막의 준비는 개인적으로 다르다. 재산의 규모와 건강 상태, 성격, 일하는 방식, 살아가는 지역과 장소, 취미와 여가, 종교 등 모든 사람의 개별적 욕구 차이가 있기 때문이다.

여행을 떠나기 전에는 가는 곳, 머무를 곳, 비용, 여행 기간, 교통수단, 동행자 등 고려해야 할 사항이 너무 많다. 여행을 출발하기 전의 설렘과 기대감으로 밤잠을 설치기도 한다. 여러분은 인생 2막을 준비하면서 어떤 것을 기대하고 있는가? 많은 것을 준비한다 해도 여행지에서 써먹지 못하는 경우도 있고, 준비가 안 된 여행은 낭패를 보는 경우가 많다.

경력 단절로 새로운 일자리를 찾거나 은퇴를 준비하는 일은 욕심대로 되지 않을뿐더러 어려운 과정이다. 목적지가 정해지지 않고 떠나는 날만 정해진 여행처럼 뭘 준비해야 할지 고민만 하고 있는 것이 경력 단절을 경험한 사람이나 예비 은퇴자들의 현실이다. 지금 당장의 삶도 버거운 상황에 '은퇴 후 8만 시간'을 준비하라는 지상명령은 따르기도 거부하기도 어려운 입장이다.

우선은 자신의 인생을 둥근 원으로 된 바퀴라고 생각하고 원의 모양을 생각해 보자. 원이 잘 굴러가려면 크기가 문제가 아니라 제대로 된 원의 모양을 이루어야 한다. 축구공은 바람이 탱탱해야 잘 굴러간다. 바람이 빠져 어느 한쪽이 찌그러지면 굴러가지 않는다. 인생 2막의 삶도 마찬가지이다. 돈이 많은데 건강이 안 좋은 상황, 건강은 괜찮은데 너무 가난한 상태, 건강한데 할 일이 없는 상황 등 여러 가지 요소들의 결합이 예상된다. 이러한 요소들이 균형 잡히지 않은 인생 2막은 바람 빠진 축구공과 같다. 찌그러진 삶을 살지 않기 위해 다양한 조건들을 구비해야 한다. 공이 작더라도 바람이 꽉 채워져 있으면 잘 굴러갈 것이다. 그러므로 바람이 탱탱하게 꽉 찬 공처럼 잘 구를 수 있는 균형 잡힌 삶이 중요하다.

은퇴 후 길고 긴 시간을 위해 자신만의 준비를 지금 당장 시작해야 한다. 우리나라의 중장년들은 자신에게 가장 필요하고 시대에 적합한 변화관리 계획을 만들어야 한다.

은퇴 후 일곱 가지 준비물

다음은 은퇴 후 자신에게 맞는 시간 계획 속에 채워야 할 일곱 가지 준비 목록이다.

<u>버킷리스트</u> : '자기 자신이 하고 싶은 일', '즐겁게 할 수 있는 일', '되고 싶은 자신'에 대한 버킷리스트를 준비하라. 버킷리스트는 인생 2막의 방향을 제시해 줄 중요한 목록 중에 첫 번째 준비물이다. 버킷리스트를 작성해서 항상 보이는 곳에 두고 소지하고 다녀라. 버킷리스트가 당신의 미래로 향하는 안내자가 될 것이다. 그동

안의 삶 속에 배우고 터득한 진리를 바탕으로 꿈 목록을 적으면 언젠가는 반드시 이루어진다. 가장 중요한 은퇴 준비물 1호, 버킷리스트를 배낭에 챙겨라.

자기의 일 : 현업과 연계된 일을 할 것인지, 새로운 지식과 기술을 배울 것인지를 결정하라. 지난날의 지식과 경험을 바탕으로 새로운 자신의 이야기를 만들고 자아를 실현할 수 있는 일이면 더욱 좋다. 영국의 극작가 존 헤이우드는 "구르는 돌에는 이끼가 끼지 않는다"고 말했다. 자신의 현실과 여건에 맞게 생계와 자아실현이라는 두 마리의 토끼를 잡는 현명한 선택이 요구된다. 일은 나의 정체성을 확인시켜 주는 것이다. 특히 은퇴 후의 일자리는 건강과 수입을 가져다주는 보물이다.

수입과 지출 노트 : 현재 자신의 수입과 지출을 분석하는 재무 진단을 실행하라. 우리가 흔히 은퇴 준비하면 모두 재무 설계를 생각하게 되는데, 일반 직장인들에게 매우 중요하지만 통제할 수단이 많지 않은 부분이 바로 재무 설계이다. 연금이나 저축 등 이미 준비 시간을 잃은 경우도 있고, 운용해야 할 자산이나 자금의 규모가 작기 때문에 개인적 상식에 의해 판단하는 경우도 있다. 어쩌면 가장 중요한 것이 의식주를 해결할 돈일 것이다. 현재 시점에서 자신의 금융 자산의 미래 가치를 계산해 보고, 은퇴 후의 수입과 지출 계획

표를 작성하라. 보유 자산의 안정성을 진단하고 다양한 비용들을 줄이는 자산 관리 방안도 마련해야 한다.

여가와 취미 목록 : 현직에 있을 때는 부담 없이 즐길 수 있는 취미와 여가도 은퇴 후에는 경우에 따라서 부담이 될 수도 있다. 일전에 은퇴자 모임에 참석했을 때 6개월 전에 은퇴한 선배가 "등산화나 등산점퍼 등 취미와 여가에 필요한 장비들과 물품들을 현직에 있을 때 모두 사놓고 퇴직하라"고 했다. 웃자고 하는 말이지만 공감이 가는 말 아닌가? 여가와 취미를 즐기기 위한 목록과 장비들도 미리미리 준비하는 준비성이 요구된다.

가족 관계와 친구 관계 : 대부분의 중년들은 가족 관계의 어려움을 겪고 있다. 그들은 배우자나 자녀와의 관계가 원만하지 못한 경우가 많다. 40~50대는 가부장적인 문화 속에서 결혼 생활과 가정생활을 시작했다. 부부와의 대화 단절과 자녀 세대와의 세대 차이로 인한 다양한 갈등 속에서 살아가고 있다. 여성에 대한 이해와 가사 분담 등 관계 개선을 적극적으로 노력해야 한다. 요리, 집안 청소, 시장 보기 등 협업 시스템을 통해 부부 관계의 갈등이나 스트레스를 줄여야 한다. 이러한 가족 관계 개선 또한 현직에 있을 때 준비해야 한다. 인간관계 또한 마찬가지이다. "한 사람의 진실한 친구는 천 명의 적이 우리를 불행하게 만드는 그 힘 이상으로 우리를 행복하게 만든다"는 말처럼 인생의 후반전을 함께할 가족과 친구 관계를 지금 당장 돌아보라.

봉사와 사회공헌 목록 : 테레사 수녀나 슈바이처 박사처럼 모두가 세상을 위해 봉사하거나 사회공헌을 할 수는 없다. 하지만 이 세상에 올 때 이미 받고 온 것을 세상에 나누고 공헌하는 삶은 오히려 자기 자신의 행복에 기여한다. 미국 은퇴자의 60~70%가 사회단체를 통해 봉사하며 인생 2막을 살아가고 있다. 우리나라는 은퇴자들의 10% 이하가 자원봉사를 한다고 한다. 현직에 있을 때부터 봉사 습관을 만들고 자신과 타인의 행복에 관심을 가져 보라.

죽음, 또 다른 여행 : 중년이 되면 두 가지를 준비해야 한다. 하나는 은퇴이고 다른 하나는 죽음이다. 능행 스님은 『섭섭하게, 그러나 아주 이별이지는 않게』라는 책에서 "우리가 이 세상에 사람이라는 행운으로 와서 짧은 순간이나마 행복하게 살다가 갈 때, 떠나는 것도 소풍 가기 전날 밤 같은 기분이라면 얼마나 좋을까요. 낯선 곳으로 여행을 떠날 때처럼 새로운 미지의 세계에 대한 동경과 설렘으로 떠난다면 얼마나 좋을까요"라고 했다.

인생 후반전을 살아가기 위해서는 이와 같은 일곱 가지 준비물이 필요하다. 각자가 더 많은 다른 준비물을 준비하는 것은 상관없다. 현직에 있을 때, 수입이 있을 때 적어도 이 일곱 가지 준비물을 챙겨 보자. 8만 시간이라는 인생 2막의 긴 여행을 떠날 때 이 준비물은 없어서는 안 되는 필수품이다.

농촌에서 시작하는 인생 설계

귀농

오미자 특성화 단지를 꿈꾸다 _51세 남성

경상북도 문경시 산북면 회룡골 농촌마을에 정착한 이창녕(51세) 씨는 서울에서 경찰공무원을 지내고 민간 기업에서 직장 생활을 했다. 조직 내에서 업무적으로 꽤 인정을 받으면서 지내던 중 어느 날 갑자기 찾아온 뇌경색 때문에 정신과 육체가 한순간에 망가졌다. 과중한 업무와 피로, 스트레스와 폭음 등이 원인이었다. 한동안 병원 신세를 진 후, 다니던 회사에 사직서를 제출하고 운영하던 법인체도 직원에게 양도한 후, 아내와 같이 전국을 여행하며 제2의 삶을 살아갈 곳을 물색했다. 그리고 정착한 곳이 문경이었다.

문경시에는 연고가 없었는데, 그곳을 둘러보며 만나게 된 동갑내기 귀농인과 친해져 터를 잡게 되었다. 2011년 6월 지인의 소개로 경상북도 오미자 명장을 만나 그분의 제자가 되어 영농 이론과 실무를 배웠다. 현재 문경시귀농귀촌귀향정보센터 유급사무장으로 주5일 근무하며, 오미자 1,000여 평과 사과 500여 평 등 1,500평의 과원을 운영하고 있다.

사실 정착 과정은 수월하지 않았다. 당시 이장님과 대다수의 주민들은 산골 마을에 처음 이주한 도시인을 호의적으로 대해 주었지만, 마을 주민들 중 일부는 거부하는 눈치였다.

마을에 정착하는 과정에서 겪었던 이창녕 씨의 경험을 들어보자.

"농가 주택도 아닌 6평짜리 농막을 짓기 전에 마을회관에 주민들을 초청해 잔치도 했고, 생필품이 필요해 시장을 다녀올 때는 꼭 4~5배의 물건을 구입해 주민들에게 나누어 주며 나름대로 정착을 위해 노력을 했지만 계속 시비를 거는 한 사람이 있었습니다. 바로 20여 가구가 사는 우리 마을의 새마을지도자였지요. 늦가을 어느 날 그 새마을지도자는 술을 마시고 나의 농막 공사 현장으로 올라와서는 온갖 욕설을 퍼부으며 공사를 방해하다가 내가 반응을 보이지 않으니까 몸을 밀치는 등 완력을 쓰기 시작했습니다. 참다못해 술에 취한 그를 간단히 제압했는데, '픽' 하는 소리와 함께 100킬로그램에 가까운 거구가 땅바닥에 쓰러졌습니다.

마을 사람들을 불러 쓰러진 사내를 인도한 후, 깊은 상념에 잠겼습니다. 이런 스트레스 받으려고 농촌으로 들어온 것이 아닌데, 귀촌한 것이 후회스러웠지요. 아내와 같이 뜬눈으로 밤을 새우고 새벽에 막 잠이 들려는데 큰 소리가 나서 밖을 내다보니 트랙터 바가지에 쌀 포대가 실려 있는 것이 아니겠어요! 어제 공사를 방해하던 그 새마을지도자가 다가와 '어제는 내가 좀 심했다'며 쌀 40킬로그램 한 가마니를 놓고 간 것입니다. 온갖 스트레스와 고민 그리고 불미스러운 일이 전화위복이 된 것이지요. 그때가 내가 귀촌을 하면서, 가장 행복한 날이었고, 성공적으로 정착할 수 있는 분수령이 된 날이었습니다."

이창녕 씨는 그렇게 한바탕의 해프닝이 있은 후에 마을 주민들과 더 친해지고 마을의 대소사를 상의하는 일이 늘어났다. 그는 경찰공무원의 경력으로 마을의 행정 민원 및 서식 대행, 마을과 주민의 각종 민원 처리 등의 어려운 일을 앞장서서 처리해 주고 있으며, 도시에서 거주하는 자녀들의 생활 법률 상담을 해 주는 등 보람 있는 일을 병행하고 있다. 또한 윤창영 오미자 명장으로부터 오미자 영농에 대한 이론 및 실기를 배워 오미자 재배기술 향상을 위해 기술을 습득하는 데 시간을 보냈다. 몇 년간의 연구와 경험을 토대로 문경시 산골마을의 특성상 오미자 재배의 최적지임을 알고 시범 재배를 통해 성과를 보여 주자 지역 주민들도 뒤따라 오미자를 재배하게 되었고, 지금은 웬만한 농가는 모두 적정량의 오미자를 생산하는 마을로 탈바꿈했다. 그는 마을 주민들과 힘을 합해 문경시 회룡골을 오미자 특성화단지로 만드는 꿈을 꾸며 행복한 귀농·귀촌 생활을 즐기고 있다. 그는 마지막으로 자신의 바람을 덧붙였다.

 "앞으로의 희망과 꿈은, 좋아하는 가톨릭 음악과 보컬 밴드 활동을 지속해 가면서 행복한 농촌부락의 생활을 영위할 계획이고, 영농을 위한 과수원을 조금 더 늘여 2,500~3,000여 평 규모로 증대할 계획입니다. 유급 사무장직을 그만두고 문경시에 새로이 전입하고자 하는 예비귀농·귀촌인들을 위해 정책 및 융자 지원, 보조 사업 상담 등을 무료로 제공하는 일을 하고 싶습니다."

농촌 지역에 대한 이해가 먼저

귀농·귀촌해서 안정적인 생활을 한다는 것은 경제적 자립을 뜻한다. 농업이나 농업 관련 산업을 통해 다른 도움 없이 생계를 유지할 수 있어야 한다. 귀농·귀촌에 성공하기 위한 필수적인 조건은 지역 주민과의 관계를 원만하게 하고 공동체의 일원으로 살아가는 것이다. 지역 주민과의 갈등은 정착의 실패를 가져올 가능성이 아주 높다. 농촌경제연구원과 농촌진흥청의 조사 결과 귀농·귀촌인 중 73.6%가 지역 주민과 갈등을 겪는 것으로 나타났다. 조사 결과에 따르면 33.9%가 현지인의 텃세와 선입견, 24.3%는 토지나 주택의 재산권 침해이며, 15.4%는 귀농·귀촌인의 농촌 사회와 문화에 대한 이해 부족을 지적했다.

농촌 지역은 장유유서와 혈족으로 맺어진 사회·문화적 특성을 갖고 있다. 오랜 세월 동고동락으로 형제애가 *끈끈하게* 맺어진 지역의 특성과 이장이나 지역의 힘 있는 토착 세력들의 역기능적 공동체 운영방식이 존재할 수 있다. 인생 2막을 살아가는 삶의 터전으로서의 공동체와 경제 활동에서의 다양한 소통과 협력은 귀농·귀촌의 성공 요소 중 중요한 포인트이다. 눈물과 좌절, 아픔을 피해 찾아가는 귀농·귀촌이 갈등과 실패의 아픔만을 맛보고 삭막한 도시로의 유턴으로 이어질 수 있다. 공동체의 일원으로 살아가고 살아남기 위한 노력은 누구나, 어디에서나 필요한 덕목이다.

귀농

귀농·귀촌
준비 전략

귀농·귀촌을 준비하기 위한 교육, 귀농 지역 및 작목 선택, 농가 주택의 구입과 신축, 농지의 구입 등은 신중하며 다양한 고려 사항을 토대로 판단하고 필요시 전문가의 지원과 도움을 통해 결정해야 한다. 농림축산식품부와 관할 시·군의 관련부서를 통해 정확한 정보와 지원 사항을 꼼꼼하게 살펴야 한다. 준비 단계에서 정보 수집, 교육, 실전 경험, 주택 및 농지 구입, 다양한 정책과 자금 지원, 공동체 참여 등 정부와 지방자치단체 그리고 농협과 지역 주민 단체를 통해 정보를 습득하고, 교육 참여와 성공한 멘토를 통한 실습 과정을 적극 활용해야 한다. 그러나 지방자치단체의 귀농·귀촌 정책이나 지원 사항에 대해 맹신하거나 의지해서는 안 된다. 최종적인 선택과 결정을 내리는 것은 자기 자신이기 때문이다. 최종 책임은 본인 자신이라는 책임의식을 가지고 판단의 결과에 대한 책임도 스스로 져야 한다는 것을 명심해야 한다.

나홀로 귀농은 불가능 _53세 남성

김진태 씨는 농촌에서 태어나 자랐지만 도시로 진출해 중견 기업의 임원으로 근무하다 충청북도 괴산 지역으로 귀농해 정착했다. 3년 전에 도시를 떠난 이유는 은퇴 시점이 다가오면서 '은퇴 후 무엇을 하며 살아갈 것인가? 무슨 일을 할 수 있는가?'에 대한 고민 때문이었다. 베이비부머들은 대부분 정년 후 또는 은퇴 후의 시간에 대한 심각한 고민과 걱정을 할 수밖에 없다. 그는 아내와 함께 1년간의 고민 끝에 귀농을 결심했다.

그는 귀농·귀촌 준비와 정착 과정에서 가족의 중요성에 대해 강하게 주장했다.

"농사일은 혼자서 할 수 없습니다. 은퇴 준비와 귀농 계획은 부부가 함께 해야 한다고 생각해요. 낯선 지역과 문화에 정착하기 위해 심리적·정신적 동반자가 필요합니다. 직장 생활은 혼자서 할 수 있지만, 나홀로 귀농해 농사일을 한다는 것은 불가능한 일입니다. 부부의 동의와 가족의 의견이 일치할 때 귀농을 준비하고 추진해야 합니다."

도시에서 인간이 살아가며 느끼는 욕구는 농촌의 삶도 다를 바가 없다. 나를 위한 취미와 아내를 위한 여가 수단을 찾는 것도 중요하다고 전문가들은 조언한다. 직장 문화와 인간관계에서 오는 스트레스를 피하기 위해 귀농하는 사람이 많지만, 귀농지에서의 소외감과 갈등은 필연적으로 따라온다. 농촌에 가서 큰 성공을 이루겠다는 욕심은 큰 화를 불러 올 수 있다. 그러므로 귀농·귀촌에서도 성공보다는 인생 2막의 삶을 자기만의 가치를 가지고 살겠다는 목표 설정이 우선되어야 한다.

마케팅의 중요성을 실감하다 _52세 여성

경기도 김포 하성면으로 3년 전에 귀농한 이진선 씨는 직장을 나온 후 1년 동안은 농업기술센터와 귀농·귀촌 지원 기관의 온라인 교육을 받으면서 지역과 작목을 선정하는 준비를 했다. 2년차에는 농업기술센터와 시청에서 현장실습을 통해 농사 노하우를 배웠다. 서울이라는 대도시의 배후인 김포 지역을 귀농 지역으로 결정하고 콩, 토마토, 고추 등 친환경 농산품을 생산·판매하려고 계획을 세웠다. 3년차에는 500여 평의 밭을 임대해 토마토와 고추를 재배하는 경험을 하면서 인근의 대단위 농장 주인의 배려로 일정 금액의 임금을 받으면서 일하는 기회를 얻었다. 1년 동안의 경험 과정에서 생산보다 판매와 마케팅 전략이 중요함을 터득했고, 서울 지역의 아파트 단지와 직거래 및 인적 네트워크를 구축해 도시인들의 주말농장과 체험 그리고 자연스럽게 판매로 이어질 수 있도록 기반을 마련했다. 지속적인 작물 재배 기술과 판매망 확충에 대한 교육을 이수하며 성공한 귀농인과 전문가들과의 네트워크도 구축할 수 있었다. 4년차부터는 1,000평의 농지를 구입하고, 3,000평의 농지 임대를 통해 영농 규모를 확대했다. 어느 정도 판로 구축과 마케팅 지식을 통해 자신감이 생겼기 때문이다. 앞으로는 지속적인 친환경 농법을 통해 양질의 제품을 생산하고 고가로 판매할 수 있는 전략을 통해 생산 규모를 늘려 나갈 계획이다.

이상과 현실은 다르다

귀농에 성공한 사람들은 교육과 실전 경험을 통해 자신이 하고 싶은 일을 찾아서 구체적인 실행 계획을 세웠다. 막연하게 전원생활을 꿈꾸거나 도시 생활의 염증에 대한 탈출을 위한 귀농·귀촌은 아무 준비 없이 외국으로 이민 가는 것과 같다고 경험자들은 말한다. 어린 시절에 태어나고 자라나서 20~30년 동안 떠나 있던 고향으로 돌아가는 것도 쉬운 일이 아니다. 낯선 지역에서의 새로운 생활은 새로운 일, 새로운 사람, 새로운 환경, 새로운 삶의 태도를 요구한다.

일본의 사와우라 쇼지는 『귀농귀촌 7가지 성공법칙』에서 다음과 같은 방법을 제시했다.

농사 초보자가 이익을 내려면 성공한 사람들의 요령을 배워야 한다.

작물을 상품화함으로써 이익을 낸다.

농가에서만 할 수 있는 식품가공으로 이익률을 높인다.

경영 규모에 맞게 고객을 만든다.

성공적인 농가는 매일 빼놓지 않고 기록을 한다.

수중에 자금을 갖고 있어도 설비 자금은 대출을 받는다.

농부 개인과 회사를 위한 방침 관리수첩을 활용해서 꾸준히 이익을 낸다.

경치 좋은 지역에서 목가적인 집을 짓고 자연을 벗 삼아 살아가는 드라마 속 모습은 잊어야 한다. 사전 교육과 실전을 통해 자금 마련, 지역 및 작목 선정, 소득 창출을 위한 생산 판매 등 마케팅 전략을 철저히 준비해도 예상과 일치하지 않는 것이 현실이다. 무엇이 자신이 바라는 삶의 방식인가를 신중하게 고민하고 방안을 마련해야 한다.

귀농 준비 절차

단계	내용	준비 사항
1단계	귀농 결심	사전에 농업 관련 기관이나 단체, 농촌지도자, 선배 귀농인을 방문해 필요한 정보를 수집해야 한다.
2단계	가족 합의	농촌으로 내려가고자 할 때 선뜻 응할 가족은 많지 않으므로 일단 가족들과 충분히 의논한 후 합의해야 한다.
3단계	작목 선정	자신의 여건과 적성, 기술 수준, 자본 능력 등에 적합한 작목을 신중하게 선정하라.
4단계	기술 익히기	영농 기술 대상 작목을 선택한 후에는 농업기술센터, 농협, 귀농교육기관 등에서 실시하는 귀농자 교육프로그램이나 귀농에 성공한 농가 견학, 현장 체험들을 통해 충분히 영농 기술을 배우고 익혀야 한다.
5단계	정착지 선정	물색 작목 선택과 기술을 습득한 후에는 자녀 교육 등 생활 여건과 선정된 작목에 적합한 입지 조건이나 농업 여건 등을 고려해 정착지를 물색하고 결정해야 한다.
6단계	주택 및 농지 구입	주택의 규모와 형태, 농지의 매입 여부를 결정한 뒤 최소 3~4곳을 비교해 보고 선택하라.
7단계	영농 계획 수립	합리적이고 치밀하게 영농 계획을 세워야 한다. 농산물을 생산해 수익을 얻을 수 있을 때까지 최소 4개월에서 길게 4~5년 정도 걸리므로 초보 귀농인은 가격 변동이 적고, 영농 기술과 자본이 적게 드는 작목 중심으로 영농 계획을 수립해야 한다.

귀농 · 귀촌종합센터 : 전화 1544-8572, www.returnfarm.com

구체적인
귀농 목표를 세워라

귀농

농림축산식품부의 통계에 따르면 귀농·귀촌 가구는 2013년 32,424 가구에서 2014년 44,586가구로 한 해 동안 1.4배 큰 폭으로 증가했다. 40대 이하 젊은 층의 농촌 유입 인구가 50대 이상을 뛰어넘고 있으며 귀농 지역은 제주, 전남, 경북이 높은 증가세를 보이고 있다. 그에 따라 귀농인 위주의 정책에서 젊은 층을 위한 다양한 주거 및 사회·문화적 지원 정책이 요구되고 있다. 또한 농업도 고수익을 창출하는 6차 산업으로 바라보고 새로운 산업화 전략이 필요하다.

귀농·귀촌 인구가 늘어난 이유는 베이비붐 세대의 은퇴와 중년 직장인들의 퇴직과 맞물려 있다. 은퇴 준비 없이 직장을 떠나야 하고 자녀 교육이나 결혼 자금 마련, 대출금 상환 등 노후 준비가 전혀 안 되어 있는 경제적 상황과 평균수명이 길어진 인구 구조가 귀농과 귀촌을 고려하거나 선택하게 하는 중요 요인이다. 베이비부머 인구 720만 명의 대략 83%가 도시 지역에 거주하고 있고, 그중 절반은 농촌 출신들이다. 한국농촌경제연구원 조사 결과를 보면 베이비붐 세대 66.3%가 은퇴 후 귀촌을 희망하는 것으로 나타났다.

계획적인 귀농 준비 _52세 남성

박찬수 씨는 대기업 부장으로 명예퇴직 사정권에 들어 있었다. 경기침체로 인한 구조조정으로 원치 않는 퇴직을 해야만 하는 상황이었다. 오랜 기간 조직 생활에 염증을 느꼈지만 생계를 위해 어쩔 수 없이 근무하다 퇴직을 맞이할 것이 뻔했다. 박찬수 씨는 회사를 떠나면 도시 생활을 청산할 계획을 세우고 있었다. 최근에 퇴근 후와 주말을 이용해 농협대학과 지역 농업기술센터에서 귀농 준비를 위한 교육을 받고 있다. 또한 아내와 함께 충청권과 강원권에 방문해 지역 조사와 농촌 실태를 파악하고 있는 중이었다. '무엇을 해야 할까', '무엇을 하고 싶은가'를 신중하게 고민하고 전문가의 조언과 성공자의 스토리를 찾아 배우고 있다. 아내와의 대화와 협의를 통해 이해를 넓혔으며 자녀들과도 귀농에 대해 폭넓게 알아가고 있다.

반 직장인 반 농업인 _58세 남성

공공기관에 다니는 간부 정성준 씨는 3년 전부터 경북 상주에 700평 규모의 사과나무를 재배하는데, 주말 동안 관리하며 반 직장인

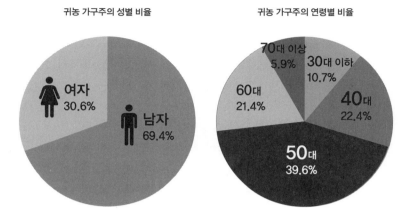

귀농 가구주의 성별 비율

여자
30.6%

남자
69.4%

귀농 가구주의 연령별 비율

70대 이상
5.9%

30대 이하
10.7%

60대
21.4%

40대
22.4%

50대
39.6%

귀농 가구주의 성별 비율 및 연령별 비율
(출처: 통계청 / 단위: %)

반 농업인을 실현하고 있다. 2년 뒤에는 본격적으로 귀농해 사과나무 규모를 키우고 지역에 상품성이 있는 오미자와 곶감도 상품화할 계획이다. 누구에게나 마찬가지지만 직장 생활은 사람을 지치게 하고 힘들게 한다. 모든 사람들이 그런 환경과 상황에서 벗어나고 싶은 것이 인지상정이다. 그러나 농촌 생활 자체가 그리 호락호락하지 않다는 것 또한 사실이다. 정성준 씨는 고향인 상주에서 3년 전부터 농촌 적응을 실천하고 있었다. 청년 시절에 고향에서 경험했던 과수원일과 곶감 만드는 일을 시대에 맞게 새로운 영농 기법과 마케팅 기법을 활용하는 등 구체적인 일과 방향을 설정한 것이 이미 반쯤 성공 지점에 도달한 것이다. 시간을 투자해 교육을 받으면서 연구하

고 영농 경험을 통해 천천히 착실하게 농촌에 적응하며 정착하고 있
는 것이다.

귀농·귀촌에 성공하거나 희망하는 사람들의 이유를 들어보면
다음과 같이 다양하다.

바쁘고 삭막한 도시 생활에 염증이 생겨서 여유로운 농촌 생활을 원함

어린 시절과 청년시절의 고향집 농사에 대한 그리움

퇴직과 은퇴 후 새로운 삶을 농촌에서 살고 싶은 중장년층의 욕구

20~30대가 농업을 6차 산업으로 인식해 농업을 선택

도시에서 직장 생활을 하다 연로하신 부모님을 모시며 살기 위해 귀향

도시 문화가 적성에 맞지 않아 새로운 직업을 찾는 과정에서 귀농

사업 실패로 도시의 사업을 정리하고 귀촌

농업을 전공했거나 관련 산업에서 근무하다 CEO가 되고자 귀농

각종 질병과 건강 악화로 공기 좋은 곳을 찾아 귀촌

정확한 농촌의 현실을 알고 직업으로서의 귀농·귀촌을 생각해
야 한다. 지금 대부분 우리나라 농촌 지역은 고령화로 젊은 세대를
찾아볼 수가 없다. 70~80대 노인 독신가구들과 도시에서 이전한 중
장년들이 이색적으로 공존하며 고립적으로 생활하는 상황이다. 막
연한 동경과 꿈은 현실에 부딪히면 깨지게 된다. 귀농 지역의 사회
적 환경과의 생존을 위한 치열한 싸움은 도시에서의 경쟁과 생존을

위한 몸부림과 다를 것이 없다. 목가적인 풍경 너머의 아름다운 사계절 풍경은 내 마음과 내 눈에만 고정되어 있을 가능성이 매우 크다. 몸으로 살아내야 하는 농촌의 현실은 차가운 눈보라와 폭풍우 몰아치는 삶의 현장이다.

귀농·귀촌을 꿈꾸는 사람은 오늘의 농촌 현실을 직시하고 자신의 꿈과 귀농·귀촌의 목표를 구체화 시켜야 한다는 것이 전문가들의 조언이다. 농림축산식품부의 귀농·귀촌 종합센터에서는 귀농·귀촌 희망자에게 탐색 – 준비 – 실행을 위한 단계적 지원을 해주고 있다. 탐색 단계에서 다양한 정보와 교육 박람회 등을 제공하고 있고, 준비 단계에서는 다양한 현장 경험과 자금지원 등을 통해 귀농·귀촌의 실행을 지원한다. 실행 단계에서는 안정적 정착을 위한 구체적 준비와 실행을 위해 인턴제도, 귀농인의 집 제공, 신규마을 조성과 현장밀착형 자문 등 다양한 정책과 사업지원을 하고 있다. 귀농·귀촌을 희망하거나 계획하는 예비 귀농·귀촌인은 귀농귀촌센터의 다양한 지원 정책을 활용하는 지혜와 부지런함이 필요하다.

귀농 ───── # 행복한 농부 가족으로
살아가기

대도시의 직장인은 "직장 생활 더러워서 못 해먹겠다. 시골에 가서
농사지으며 스트레스 없이 속 편하게 살고 싶다"는 말을 종종 하곤
한다. 정말로 농촌에 내려가면 맘 편하게 농사지을 수 있을까? 농촌
생활은 스트레스 없이 살 수 있는가? 한마디로 "꿈 깨라!"고 말할
수 있다.

고작 100평 정도의 텃밭도 관리하기 힘들어 시골에 가는 것이
꺼려지는 경우가 있다. 농촌에서 남은 인생을 농사를 지으면서 산다
는 것은 그리 쉬운 일이 아니다.

귀농·귀촌을 위한 사전 준비
귀농·귀촌을 준비하는 과정과 정착하는 과정에서의 힘든 점은 수

없이 많다. 예를 들면 다음과 같은 어려운 점이 있다.

무연고 지역으로의 정착 과정에서 지역 주민과 마찰이 있을 수 있다.

부동산 가격 상승으로 인한 부담이 된다.

풍부한 경험을 가진 현업종사자 또는 멘토를 찾기 어렵다.

귀농 후 일정 기간 소득이 없다.

지역 선정은 한 번 하고 나면 되돌릴 수 없기 때문에 신중해야 한다.

정보는 많지만 정확한 정보를 수집·선택하기가 어렵다.

초기 자본이 많이 든다.

과수와 같은 작목은 긴 시간이 필요하기 때문에 운영 자금이 필요하다.

2014년 농촌진흥청과 농촌경제연구원이 1,209명의 귀농·귀촌인을 대상으로 한 정착 실태조사 결과 1년 이상 준비한 귀농·귀촌자는 55.6%였다. 1~2년 미만은 19.7%, 2~3년 미만 14.1%, 3년 이상은 21.4%이다. 베이비붐 세대들의 은퇴와 30~40대의 직장 이탈이 귀농·귀촌의 증가 요인이었다. 귀농을 하기 위해서는 먼저 농촌을 알고 농촌 문화에 대해 공부해야 한다. 대부분의 귀농·귀촌 지침서에서는 귀농 후 지역 주민과의 갈등에 대해 많은 충고와 해결책을 제시한다. 익명성을 보장받던 도시 문화와 관계성을 중시하는 농촌 문화의 차이를 알고 현장 체험을 통해 사전 준비를 하는 것이 필요하다.

농촌의 경우에도 지역별로 특이한 문화가 존재하기 때문에 정착을 고려하는 지역의 전통과 문화, 생활방식에 대한 공부는 필수사항이다. 농사 기술과 작목에 대한 다양한 교육을 위해 농림축산식품부와 지방자치단체의 농업기술원이나 농업 관련 부서를 통해 희망하는 교육 과정을 듣고 2~3년간 교육과 현장 경험을 습득하는 것이 성공의 지름길이다.

교육과 실전 경험의 중요성 _55세 남성

경기도 성남시에 살면서 공공기관에 근무하던 이수만 씨는 부인과 함께 2년 전 경기도 양평으로 귀농했다. 귀농 전 주말을 이용해서 귀농 예정지를 오가며 영농법을 익히고 실전 경험을 쌓았다. 교육 1년, 실전 경험 2년의 기간을 통해 블루베리와 토마토 재배 기술을 터득한 후 완전히 귀농해 터전을 잡았다. 그는 이렇게 조언한다.

"귀농 지역의 지방자치단체의 다양한 지원 프로그램을 활용하고 실전 경험을 필수 코스로 선택하라."

교육을 통해 기초 지식을 얻은 후에는 작은 텃밭이나 주말농장을 통해 실전 경험을 쌓으면서 자기의 취향과 적성에 맞는지, 충분한 지식을 쌓았는지 점검해야 한다. 필요시 현장 방문과 체험 시간을 가지고 이를 통해 온라인 교육과 오프라인 교육에서 얻은 지식을 활용해 미래를 정하는 것이 좋다. 전문가들의 지도를 받거나 성공한 귀농인의 조언과 지도를 받는 다양한 프로그램이 자치단체별로 운영되고 있다. 우선 인터넷을 통해 활용을 시도해 보라.

쌈채소로 성공적인 귀농을

2013년 충남 공주시로 귀농한 이충일 씨는 농업에 대한 열정과 농업 전공을 살려 소득을 창출할 수 있다는 믿음을 바탕으로 귀농지로 대도시가 인접해 있고 교통이 편리해 소비지 확보가 쉬운 공주를 선택했다. 기후나 시설 재배의 여건이 유리하고 땅을 임대해 주는 조건이어서 쌈과 샐러드용 채소 재배를 통해 연간 1억 원의 소득을 올리고 있다.

쌈채소 전문 농장 '쌈박스'는 청정 재배를 통한 높은 품질을 자랑한다. 물 맑고 공기 좋은 계룡산 자락에서 무 농약, 청정 재배로 생산되어 당일 수확되고 밀폐용기에 포장해 냉장 처리한 것으로 신선함이 주요 장점이다. 쌈케일, 적상추, 로메인, 비타민, 다홍채(빨간 청경채), 교나(경수채), 루꼴라(로켓), 이탈리안파슬리, 쑥갓, 적치커리, 쌈배추, 홍쌈배추, 항암쌈배추, 적겨자, 곱슬겨자, 적오크리프, 잎셀러리, 적근대, 황근대, 포기로메인, 엔다이브, 양상추, 꼬마양배추, 쌈당귀 등과 녹즙용 채소(녹즙용 큰잎채소)를 재배하고 판매는 연간회원제로 운영한다. 연간 56회의 쌈박스를 44만 원에 제공하는 상품은 매우 인기가 높다. 그는 "쌈채류 재배에 적합한 분무수경재배 시스템을 활용해 다품종 생산에 주력해 더 높은 소득을 올릴 계획이다"라고 밝은 미래 전망과 포부를 내비쳤다.

지역 공동체의 일원으로

귀농은 투자나 투기의 대상이 아니다. 한탕으로 성공할 수도 없다. 자연과 함께 땀 흘리고 노력해야 성공할 수 있다. 교육과 실전 경험 그리고 구체적인 목표를 가지고 가족의 동의를 바탕으로 희망하는 지역을 선택해야 한다. 농촌 지역에 안착하기 위해 다양한 공부와 교육뿐 아니라 지역 공동체 일원으로서의 노력 등 고려할 사항이 너무 많다.

귀농의 결정과 지역 결정, 작목 결정 그리고 주택 마련을 위한 농가 주택 구입이나 신축에 대해서도 신중한 판단과 결정이 요구된다. 지역의 특성과 전통 문화 등도 고려해야 하고 정착 마을과 집이나 땅을 구입해 신축하는 것 또한 인생의 모험이자 중대한 결정이다. 농촌 생활은 공동생활과 관계 중시의 문화이기 때문에 마을과 멀리 떨어진 곳으로 정하면 불편하고 도움이 필요할 때 곤란을 겪는 경우가 많다.

행복한 농부로 살아가기 위한 전략과 노력은 인생 2막의 색다른 출발이자 도전이다. 작은 출발로 시작해 정착하고 적응하면서 점차 사업 영역을 넓히고 키워 나가는 지혜가 필요하다.

귀농 · 귀촌 관련 지원 센터

귀농귀촌종합센터
http://www.returnfarm.com (귀농지원시책, 준비절차, 모범사례 제공)

농촌진흥청
http://http://www.rda.go.kr (신농업기술, 농업경영정보, 귀농귀촌교육)

농식품부 통합영농교육정보시스템
http://www.agriedu.net (농업인재개발원 귀농 귀촌 교육 및 지원정보 제공)

(사)전국귀농운동본부
http://www.refarm.org (귀농 교육과정 운영 및 정보제공)

웰촌(한국농어촌공사)
http://www.welchon.com (농촌체험 및 축제정보, 도농 교류사업)

경상북도농업기술원
http://www.gba.go.kr (경북농민사관학교 귀농인 교육 및 정보)

전라남도 귀농종합지원센터
http://jnfarm.jeonnam.go.kr (전남 시군별 지원사업 및 영농정보제공)

전라북도 귀농귀촌지원센터
http://www.jbreturn.com (전남 시군별 지원사업 및 영농정보제공)

경기도농업기술원
http://nongup.gg.go.kr

문경시 귀농귀촌 연합회
http://cafe.naver.com/bfsaejae

취미와 건강 평생 즐겁게 살기 위한 건강

건강이 우선

인생 2막을 즐기기 위해서는 건강한 노후가 그 열쇠이다. 건강을 바탕으로 적당한 운동과 취미 그리고 사회봉사를 통해 활력을 얻을 수 있기 때문이다. 얼마 전 NH투자증권 100세시대연구소의 '베이비붐 세대별 노후 가치관 조사'가 흥미롭다. 이 조사 결과에 따르면 은퇴 후 '건강한 일용 근로자'와 '병치레 하는 갑부' 중 어느 쪽이 되겠냐는 질문에 베이비부머 10명 중 9명 즉 86.9%의 응답자가 '건강한 일용 근로자'가 되겠다고 답했다. 인생 2막 삶의 질은 무엇보다 건강이 우선이다.

경기도 부천 장애인복지관에서 10년 동안 봉사를 해 온 김만석 (72세) 씨의 하루 일과는 봉사로 시작해 봉사로 끝난다. 장애인과 노인들을 위한 식사배식 봉사 전문가가 된 그는 이렇게 말한다.

"교사로 은퇴했기 때문에 일정액의 연금을 수령 받고 있어 건강이 우선이며, 몸이 허락하는 동안 마지막 삶의 가치는 사회를 위해 살고 싶습니다. 나보다 어려운 사람들을 위한 봉사활동은 건강에서 비롯되며, 봉사가 삶의 활력소가 되었습니다."

경기도 고양시의 박성준(76세) 씨는 스포츠 활동을 통해 건강하고 활기차게 노년을 즐기고 있다. 동년배들끼리 구성된 탁구 동아리 활동을 시작한 지 20년이 되어 간다. 아직도 하루 3~4시간씩 탁구를 즐길 수 있는 체력이 있다. 매일 오전 9시에 시에서 운영하는 체육관으로 출근해서는 오후에는 가까운 식당에서 동아리 회원과 점심을 먹으면서 담소를 즐긴다.

"나이 먹고 어울릴 사람들이 있어야 하는데, 건강하지 못하면 어울릴 수 없습니다. 탁구는 건강관리와 유지에도 최고의 방편이고, 친구들과 어울리기 적합한 운동이지요. 직장에 다닐 때부터 자기만의 취미와 건강관리는 노년을 행복하게 사는 지름길입니다."

인생 2막은 인생 후반전이다. 전반전에 체력과 건강을 잃으면 후반전의 의미는 사라진다. 직장에서 밀려나고 가정에서 물러나는 은퇴 후의 삶은 다양한 역할 축소와 관계 소외가 발생한다. 기본적인 경제, 즉 재무적 준비와 후반전을 마칠 때까지 뛰어야 할 체력을 안배해야 하는 시기이다. 건강을 잃으면 인생 2막 후반전은 놓쳐 버릴 확률이 크다. 보건복지부에서 조사한 '2014 노인실태조사 결과'를 살펴보면, 노인의 82.4%가 남는 시간을 텔레비전을 시청한다고 답했다. 우리나라 노인들의 대부분이 건강을 위해, 취미나 여가활동을 위해 할 일이 별로 없다는 통계 결과이다. 개인은 물론 국가와 지방자치단체도 은퇴자를 위한 여가 및 취미활동 지원 등 다양한 건강프로그램을 지원하는 것이 고령화 사회의 비용을 줄이는 효과를 가져올 것이다.

건강 검진과 체력 관리

대부분의 중년들은 40~50대에 들어서부터 노안을 시작으로 본격적으로 노화를 경험하게 된다. 성인병 등 다양한 증상으로 건강에 큰 변화와 어려움을 겪는다. 중년은 바쁘게 직장 생활을 하고, 지나친 음주와 스트레스로 건강에 중대한 영향을 미치는 시기로 건강관리에 신경을 써야 한다고 전문가들은 지적한다. 이 시기는 신체적으로 어려움을 겪을 뿐만 아니라 정신적으로도 어려움을 당하게 되는데 주변에서 우울증을 동반한 자살 등 심각한 사회현상을 동반하는 경우를 쉽게 접할 수 있다. 내가 만난 한 중년 남성은 아내의 우울증이 심해 가정이 붕괴 일보 직전에 처해 있었다. 이처럼 정신적 어려움은 건강에 영향을 미친다. 주변의 또 다른 직장 여성은 남편의 심한 우울증과 스트레스로 자살을 시도하는 등 사회생활에 적응하기가 어려운 상황이다. 이러한 상황이 지속된다면 인간관계가 깨지고 고립되고 결국 개인과 가정은 위기에 봉착하게 된다. 평소 건강관리, 정신 건강 유지, 종교 활동 또는 명상을 통한 긍정적인 생각을 하도록 마음을 다스리는 것이 중요하다.

나도 3년 전부터 신앙생활을 시작했다. 직장, 자녀, 건강 문제 등에서 오는 심리적 압박감을 내려놓고 싶어서였다. 중년 남성들이 직장과 가정의 일을 내려놓기란 쉽지 않다. 그렇지만 살아남기 위해서는 자신만의 건강관리와 마음 관리가 필요하다. 적당한 운동, 규칙적인 생활, 좋은 사람과의 관계 유지, 취미와 문화생활, 금주와 금연 등 식생활 개선은 중년이 선택해야 할 라이프 스타일 변화이다.

평소 운동을 좋아하는 최진규(54세) 씨는 건강에 자신이 있는 직장인이다. 그러나 나이 생각을 하지 않고 심하게 운동을 하다가 눈에 헤르페스 균이 3번이나 생겨 심하게 고생했다고 한다. 큰 병원을 찾은 결과 중년이 되면 면역력이 떨어져 여러 가지 병에 걸리기 쉽다는 충고를 받았다. 나이를 먹어감에 따라 대수롭지 않게 생각해서는 안 될 일들이 많이 생긴다. 나 역시 얼마 전 정기 건강 검진 결과에서 갑상선에 혹이 점점 커지고 있다며 조직 검사를 해 보라는 통보를 받았다. 평소 시력도 나빠지고, 몸도 전보다 피곤하고 소화 기능과 배변 기능도 원활하지 않음을 느낄 수 있다. 그래서 더욱더 병원에 가기가 겁이 나는 시기이다.

이럴 때일수록 정기적인 건강 검진과 적절한 체력 관리 등 세심한 자기 관리가 요구된다. 현재 건강한 삶을 유지하는 것이 은퇴 후의 건강한 습관으로 지속될 수 있다.

취미와 건강

취미로
새로운 삶을 창조하라

취미는 자아실현의 기회이자 미래

자신의 일상을 되돌아보라. '매일매일 반복되는 일상에 지쳐서 축 늘어져 있는가, 일과 취미를 구분해 무엇인가 재미난 일에 푹 빠져서 즐기는가?' 자신의 일상과 일상 이외의 생활패턴을 점검하고 가치 있고 행복한 삶을 디자인해야 한다. 반복되고 변화 없는 일상에서의 탈출은 삶을 깊이 있게 만들고 다른 사람과의 관계에서도 주도적으로 이끌 수 있게 하며 자유를 느낄 수 있다.

취미와 여가의 발견과 디자인은 진정한 나를 찾는 과정이기도 하다. 조직이나 단체 속의 '나'가 아니라 나의 정체성과 세상에서의 '진정한 나'를 발견하고 가꿀 수 있다. 여행, 사진, 운동, 춤, 가구 만들기, 정원 가꾸기, 주말농장 등 수없이 많은 여가와 취미가 있을 것이다. 여가와 취미를 즐기는 경험은 내 삶의 에너지를 충전하고 몰입하는 방법을 배우게 해 준다. 순간순간 최선을 다해 살고, 주어진 시간의 소중함을 깨닫게 해주는 것 또한 취미의 본질이다. 일상에서 벗어나 또 다른 나의 모습에 몰입하는 시간 속에서 스스로 삶을 디자인하는 즐거움을 맛볼 수 있을 것이다.

나는 여행 작가를 꿈꾸고 있다. 은퇴 후의 꿈 중에 하나가 여행하며 글을 쓰는 작가이다. 그렇다 보니 사진에 대해 관심이 많다. 은퇴한 한 선배는 사진작가가 되어 책을 펴냈다. 선배는 취미로 시작한 사진을 통해 인생 2막을 즐겁게 살고 있었다.

"사진을 통해 나를 발견하고 좋은 사람들과 인연을 맺었다. 사진을 찍기 위해 다양한 직업을 가진 사람들과 여행을 다니는데, 취미와 인간관계를 연결시켜 주는 것이 사진의 묘미이다. 색다른 경험을 하며 부지런하게 살 수 있는 방법이기도 하다. 새벽과 밤을 잊은 채 카메라에 담고 싶은 곳을 찾아다니는 일은 힘겨운 일이지만 많은 경험과 시간을 축적하는 즐거움이기도 하다. 실력이 늘어 사진에 관련된 책을 썼고, 강의를 통해 수익도 만들고 있어 더욱 행복하다. 요즈음은 사진 강사로, 여행 작가로 변신해 블로그를 운영하며 다양한 사람들과 관계를 맺고 있다. 사진은 나에게 선물이 되었고 내 인생 2막을 화려하게 만들어 주었다. 인생 2막의 삶이 즐거운 것은 물론 풍성해지고 행복하다."

취미는 내 안의 또 다른 나를 발견하고 생산적인 나를 만들어주는 계기가 된다. 직장 생활, 가정생활, 집 장만, 승진과 자리싸움, 자녀 교육, 친구들과의 교류를 위한 술자리 등 그 속에서 발견할 수 있는 나의 모습은 항상 초라했다. 세상을 다 얻은 것 같았지만 돌아서면 빈손이다. 진정한 나의 욕구와 관심을 찾아 나서야 하는 순간이 취미의 발견이다. 인생 2막은 진정한 자아실현의 기회라고 생각하고 생산적인 취미를 찾아 나서 보라.

100세 시대를 준비하며 인생 2막을 꿈꾸는 중장년들이 스스로 건강을 찾고 활력 있는 삶을 유지하기 위해 지금 무엇을 할 것인가? 어떤 취미를 선택할 것인가? 다시 한 번 고민하고 즐겁게 준비하라. 취미의 장점은 긴장감을 풀고 다양하고 멋진 사람을 만날 수 있고, 더 깊이 즐기고 심취하다 보면 수익을 창출하는 직업이 될 수도 있다는 점이다.

자신의 취미를 돌아보라

한국가정관리학회의 조사 결과에 따르면 한국의 미취학 자녀를 둔 기혼 남성들이 주말에 가족과 함께 보내는 시간은 평균 약 111분이었다. 부부가 함께 여가를 보내는 시간은 78분 정도로 선진국의 절반 정도라고 한다. 은퇴를 앞두거나 퇴직을 앞둔 중장년들이 관심을 가져야 할 내용이다. 그동안 직장과 가정 밖의 인간관계에만 집중하던 시간을 아내와 가정에 투자해야 한다. 그렇지 않으면 직장을 떠나거나 은퇴했을 때 가정에서 소외되는 지름길로 가게 될 것이다. 은퇴 후에는 부부가 함께 하는 시간이 늘어날 수밖에 없다. 여가와 취미 그리고 가사 분담을 위해 아내 또는 남편에게 시간을 투자하라. 취미로 새로운 삶을 시작하라.

한 특강에서 만난 강사는 15년 동안 1년 중 절반 이상을 네팔의 히말라야 봉우리들과 아프리카 탄자니아의 킬리만자로 산 트레킹 여행자들을 안내하며 살아가는 가이드였다. 본인이 산을 좋아하고 여행을 좋아해 한 번 여행을 가면 한 달, 두 달이 걸리고, 여행단이 모이면 그 기간에 맞추어 또 배낭을 짊어지고 여행을 떠난다고 했다. 그는 여행과 트레킹을 좋아하다가 가이드라는 직업을 얻게 된 것이다. "지구 위를 걷는다"고 말하는 그에게 많은 사람들은 "위험하지 않느냐?"고 묻지만 그는 "전혀 위험하지 않고 편안하게 즐긴다"고 말한다. 다음 달에는 두 달 동안 오스트레일리아에 가고 그다음 일정은 남미 쪽이라며 "즐겁지 않으면 인생이 아니다"라고 말하는 그의 모습이 부러웠다. 직장인들은 국내 여행도 가기 힘들고, 시간과 돈이 없어 해외여행은 큰맘을 먹어야 할 수 있는 일이다.

40~50대 일반 직장인의 입장에서 보면 너무나 꿈만 같은 이야기이다. '취미 같은 일, 일 같은 취미'는 낭만적인 남의 이야기처럼 들린다. 그동안 하고 싶은 것, 되고 싶은 것 다 미루고, 먹고사느라 정신없이 살았는데 어느덧 인생 후반기이다. 여러 가지 복잡한 상황이 주변에서 일어나고 정신적·육체적 압박이 심하다. 어차피 직장에서도 떠

나야 할 운명이다. 어쩌면 이때가 바로 기회가 아닐까? 나의 취미를 돌아보자. 없다면 적극적으로 만들어 보자. 경쟁이 치열한 조직 내에서 취미와 오락은 긴장을 풀어주는 좋은 촉매제였다. 게다가 중년의 취미는 잘 숙성되어 가치 있는 향기를 내뿜고 있을 가능성이 크다.

취미와 일에 대한 관점을 바꿔라

몇 년 전 골프연습장에서 한 사무직 일반 직장인을 만났다. 평소 운동을 좋아하고 골프 실력도 남들보다 뛰어난 사람이었다. 저녁 시간과 주말에 연습장에 와서 2~3시간을 열심히 연습하는 연습벌레였고 당연히 골프를 매우 즐기는 사람이었다. 몇 달이 지난 어느 날 그는 골프 티칭프로 자격시험을 보고 자격증을 획득했다. 한동안 직장을 다니면서 주말에 프리랜서로 다른 사람을 지도하는 과정을 거쳐, 연습장에 전속 프로로 취업했고, 결국 개인연습장을 마련했다.

낚시광이었던 지인은 26년간 다니던 직장을 접고 낚시용품 판매점을 오픈해 평일과 주말에 낚시 동호회를 이끌고 낚시를 즐기고 있다. 취미로 즐기던 낚시꾼이 낚시 용품을 판매해서 돈을 버는 사업가로 변신한 것이다.

자기가 좋아하는 여가와 취미를 미래의 돈벌이로 바꿀 수 있다면 얼마나 행복한 일인가! 좋아서 하는 일은 어렵고 힘들 때에도 견디어 낼 힘을 준다. 경험과 노하우는 하루아침에 이룰 수 없는 값진 재산이 된다. 자신이 좋아하는 취미가 있는 사람은 취미를 밥벌이로 발전시킬 수 있다. 취미는 누구와 경쟁을 하는 것이 아니다. 진솔하게 자기 자신과의 대면을 통해 즐기면서 발전시킬 수 있는 장점이 있다. 그러나 비즈니스 모델로 전환하기 위한 배움과 멘토링은 반드시 필요하다. 그간의 경험과 지식의 콘텐츠를 사업 모델로 원활하게 이루어내는 과정이 있어야 한다. 그러기 위해서는 관련 산업과 분야의 전문지식을 습득하고 사업화 과정에서 바로 독립할 것인지, 사업 시작 전에 시장을 체험할 인턴십 등 시장 경험을 거칠 것인지를 심사숙고해서 선택해야 한다.

어릴 때 친구들과 2~3미터 깊이의 연못에서 수영을 하다가 바닥의 흙을 집어오는 내기를 한 적이 있다. 물속으로 들어갈 때는 공포와 두려움이 느껴지지만 과감하게 내려가서 바닥을 치고 위로 솟구치면 내기에서 이길 수 있다. 하지만 주저하다 보면 허우적거리다 물을 먹는 경우가 생긴다. 비즈니스에서도 바닥을 경험한 사람들이 성공하는 경우가 종종 있다.

자기의 취미와 관심사에서 새로운 일을 찾아나서 보라. 종목이 정해진 운동선수는 자신의 목표를 정할 수 있다. 인생 2막을 위해 출전할 경기 종목이 아직 정해지지 않은 중장년은 가급적 빠른 시간 안에 출전 종목을 선정해야 한다. 자기 자신이 평소 즐기고 꾸준히 해오던 종목 중에서 선택하면 시간과 비용을 줄일 수 있고 성공할 가능성이 높다.

하지만 현재의 자리에서 맴도는 것은 인생이라는 게임에 도움이

안 된다. 그동안 살아오면서 어떤 취미와 여가를 즐겼는가? 어떤 목적으로 취미나 여가를 즐겨왔는가? 그곳에 정답이 있다. 누가 뭐라 해도 내가 즐기며 몰입했던 취미와 여가 속에 가치와 의미를 부여하는 것이다. 그리고 인생 2막은 어떤 가치와 의미가 있을까 하는 심도 있는 여행자의 행복한 고민이 더해져야 한다. 취미에 미쳐서 몰입하는 것은 확신을 통해 가치를 만들어내는 원동력이 될 것이다.

우리나라의 중장년들은 퇴직과 은퇴를 준비하면서 자신의 취미와 일에 대한 관점을 바꿔야 한다. 자신이 오랜 기간 동안 즐겨온 취미의 본질을 파악해 평생 직업으로의 전환점을 찾는다면 밀려오는 불안감과 두려움을 이길 힘이 생길 것이다. 자신의 취미와 여가에서 평생 직업을 찾아보라.

은퇴 이후
건강하게 나이 들기

박찬수(59세) 씨는 퇴직 후 평소 취미로 하던 조경을 전문적으로 배우기 위해 조경 학원을 다니면서 자격증과 기술을 습득했다. 시청에서 지원을 받아 협동조합을 만들어 시 관할 공원의 나무와 꽃을 관리하는 조경가로 일을 시작했다. 협동조합 사무실에서 5명이 함께 일을 하며 최근에는 농업기술센터에서 도시 농업과 귀농·귀촌 교육도 받고 있다. 몸을 움직이는 일이라 건강에도 좋고, 많지는 않지만 적당한 수입도 만드는 취미를 겸한 일을 통해 은퇴 후 행복한 인생을 살고 있다. 또한 지인들과 함께 가까운 근교에 주말농장을 마련해 매주 주말이면 동료들과 다양한 채소를 키우고 있다. 기술을 배우고 경험을 늘려서 조경과 도시 농업을 사업으로 연결하기 위해 전문가들과 연구 중이다.

은퇴 후에 건강하게 생활하기 위해서는 취미와 일을 연결시키는 기술과 동호회나 협동조합 등의 인적네트워크가 중요하다. 취미와 관심사가 같은 사람끼리 협동조합이나 사회적기업을 설립해 사회에 기여함은 물론 자신의 능력과 기술을 발휘하는 일석이조의 효과를 만들 수 있다. 친구나 동료들과 취미형 또는 사회기여형 일자리를 통해 건강하고 보람 있는 은퇴 후의 삶을 살아가는 사람들을 많이 볼 수 있다. 은퇴 후 건강한 삶을 유지하는 비법은 다양하다. 전문가들은 취미와 여가, 그리고 사회참여 활동을 통한 네트워크 구축, 다양한 인간관계를 통한 정신 건강과 육체적 건강이 삶의 질을 높여 준다고 말한다.

　　그럼 다양한 인적 네트워크를 갖기 위해서는 어떻게 해야 할까?

　　취미와 여가를 선택하라. 취미와 여가는 다양한 관계에서 오는 스트레스를 없애거나 줄여 준다. 또한 균형 있게 시간을 소비하고 식습관을 조절할 수 있다. 취미와 여가를 통해 자신에게 적합한 활동으로 자연스럽게 육체적 운동을 할 수 있고 긍정적인 생각을 가질 수 있다.

　　언제든지 함께 할 수 있는 친구를 만들어라. 안정적인 인간관계는 건강한 삶의 기본이다. 고상영(56세) 씨는 최근에 가까운 교회에 나가기로 결정했다. 명예퇴직 후 특별히 만나는 친구들도 없어 또래집단의 친구가 필요했다. 교회에 나가서 신앙생활을 통해 정서적 안정감을 찾았고, 동년배들의 모임 활동을 통해 교회 봉사 활동과 지역 봉사활동에 참여하고 있다. 다양한 사람들과 만나고 다채로운 일에 참여하면서 정신적·육체적 건강을 누리고 있다. 그는 "나이가 들면서 친구들을 자주 만나기도 어렵고 배우자에게 모든 것을 의지하기도 어렵다. 종교 활동과 이웃 간의 자연스런 만남의 장을 통해 마음의 안정과 보람을 찾아갈 수 있어 행복하다"고 말한다.

적극적인 참여형 인간이 돼라. 은퇴 후 집에서 TV나 시청하고 가끔 운동복 차림으로 아파트 단지를 배회하는 삶을 선택할 것인가? 경제 활동을 포함해서 다양한 봉사 활동과 지역 사회에 참여하는 것은 보람 있고 건강한 노후 생활을 보장받는 요소이다. 다양한 참여와 활동을 하는 인생 후반 설계도를 그려라. 혼자 할 수 있는 일과 사람들과 할 수 있는 취미와 여가를 안배해 인생 2막 활동을 디자인하라.

배움에 도전하고 투자하라. 은퇴 후 적어도 40년을 살아야 하는 긴 시간이 기다리고 있다. 새로운 삶의 방식과 기술들, 그리고 지식들이 쏟아져 나오고 있다. 특히 스마트폰과 인터넷의 발달은 우리의 삶을 크게 바꾸고 있다. 자신이 하고 싶은 분야에 대한 공부는 은퇴 후의 삶을 풍요롭게 함은 물론 건강한 생활로 연결된다. 자아실현과 즐거움을 얻기 위해서는 능동적으로 공부하는 태도와 새로운 삶에 대한 도전이 필요하다.

5장

100세 시대의
은퇴 설계

- 경력 단절과 은퇴는 인생 2막의 터닝 포인트
- 최고의 인생은 아직 완성되지 않았다
- 죽음이 곧 은퇴인 것처럼
- 꿈을 잃을 때 비로소 늙는다
- 인생 설계, 미루지 말고 당장하라

경력 단절과 은퇴는
인생 2막의 터닝 포인트

은퇴 전반전과 다른 후반전

나는 베이비붐 세대이다. 그래서 더욱 주변과 언론 매체를 통해서 은퇴와 은퇴 관련 사회 문제에 대해 민감하게 귀를 기울이고 정보를 찾으려고 한다. 경력 단절 여성과 직장에서 밀려나는 중년 남성의 절박함과 두려움도 공감하고 있다. 지금까지 34년 이상 해온 직장 생활을 돌아보면 그야말로 일장춘몽이다. 모든 사람의 삶을 돌아보면 개인의 역사도 파란만장하고 우여곡절의 인생일 것이다. 직장을 떠나 쉬고 싶고, 여유롭게 살고 싶은 생각이 드는 것은 당연하다. 그러나 일자리가 없는 직장인은 세상을 살아가기 쉽지 않다. 먹고살아야 하는 절박함은 두려움과 함께 있다. 인생 1막이 고달팠든 화려했든 그것은 중요하지 않다. 인생 2막은 바로 막이 오를 것이고 또 다른 배역을 요구하고 있다. 분명한 것은 전반전과 똑같은 아주 길고도 소중한 시간이 남아 있다는 것이다.

과거의 중장년은 후반전이 없었다. 가족과 지인이 모여 축하해주는 60세 환갑잔치를 끝내면 가족의 품으로 돌아가서 다정한 친구들과 남은 인생을 즐기는 것이 은퇴 생활이었다. 살아오며 아쉬움이 남는 가족 관계와 취미 여가 생활을 즐기며 생물학적으로 죽음을 준비하는 시간이었으며 하늘이 준다는 장수를 갈망하면서 세상을 떠나는 시대였다. 그런데 인간이 그렇게 갈망하는 100세 장수 시대가 곧 눈앞에 펼쳐질 것이다. 당신의 인생 2막은 어떤 시나리오가 기다리고 있을까?

우리의 삶은 늘 진지하고 치열했다. 과거에도 그랬고 미래에는 더욱 치열할 것이다. 많은 시련과 어려움을 넘기며 전반전을 치렀다. 때론 패배와 실패를, 때론 승리와 성공을 맛보며 살았다. 과거를 토대로 지금 이 순간 자신감과 용기로 후반전에 나서야 한다.

한번은 휴일 동네 체육관에서 탁구를 하고 휴식을 취하는 60대 은퇴자를 만났다. 그는 직장 다닐 때보다 더 재미있게, 더 바쁘게 살아간다고 말했다.

"월요일은 문화센터에서 댄스를 배우고, 화요일은 도서관에서 아이들에게 한문과 독서를 가르치고 있습니다. 수요일은 친구들과 등산이나 골프를 즐기고, 목요일은 시청이나 구청의 다양한 봉사활동이나 일자리 센터에서 아르바이트와 자원봉사를 하지요. 금요일에는 독서를 하거나 강의 준비를 하면서 살아가고 있습니다."

그는 건강하고 자신감 넘치는 모습이었다. 토요일은 정기적으로 탁구동호회 회원들과 게임을 하고 일요일은 종교생활과 틈틈이 독서와 책 쓰기를 한다고 덧붙이면서 조만간 자기의 책을 발간할 계획이라고도 했다. 은퇴 후 8만 시간을 알차게 보내고 있었다. 그에게는 인생 2막이 기회의 시간이었다.

40~50대부터 인생 2막의 삶을 주도적으로 살아갈 계획을 세우고 다양한 배움을 통한 준비의 필요성은 아무리 강조해도 지나치지 않다. 미래를 내다보는 통찰력과 준비를 행동으로 실천하는 것이다. 자신의 운명을 직장이나 세상에 맡겨 두지 않고 '나의 길'을 준비해야 한다. 늘 바쁘다는 말을 입에 달고 살면서도 자신의 인생을 위해 그리고 은퇴 후 8만 시간을 위해서 아무런 목표와 방향이 없다면 결과는 뻔하다. '나의 시간관리 계획'을 점검하고 일, 취미, 건강관리 등 은퇴 후 인생을 준비해야 한다.

은퇴 준비의 골든타임

'낭비한 시간에 대한 후회는 더 큰 시간 낭비이다'라는 말처럼 후회하는 시간 자체가 낭비다. 현재는 미래의 시간을 위한 중요한 터닝 포인트다. 과거에는 세상이 원하는 방식에 적응하며 바쁘게 살아왔다. 인생 2막에도 세상이 원하는 방식에 나를 맡길 것인가? 과거 직장이라는 고정된 틀 속에서 살아온 태도와 생각은 다가오는 미래의 삶에는 맞지 않다. 지금부터 자신의 미래에 맞는 삶의 방식을 찾아 나서야 한다. 주저할 시간도 낭비할 시간도 없다. 현재의 선택과 준비만이 미래의 아름다운 시간으로 안내할 것이다. 지금 현직에 있을 때 새벽 시간과 퇴근 후 시간 관리가 은퇴 후 8만 시간이라는 긴 미래를 결정할 것이다.

　우리나라 65세 은퇴자 대부분이 가사와 친목 활동 그리고 텔레비전 시청 등으로 인생 2막의 시간을 보낸다는 조사 결과를 볼 수 있다. 우리나라의 은퇴자들의 현주소이다. 은퇴 준비를 제대로 하지 못한 현재 40~50대의 미래이기도 하다. 목적 없는 인생과 준비 없는 은퇴는 길고 긴 지루함의 연속이다. 누구에게나 주어진 똑같은 시간이지만 누구에게나 똑같은 인생은 아니다. 세상에는 두 부류의 사람이 존재한다. '새로운 기회를 만드는 사람'과 '기회를 잡지 못하고 허송세월로 낭비하는 사람'이다. 새로운 무대를 위해 준비하면서 미래를 기대하며 살아가는 삶은 행복이 넘칠 것이다. 시간에 예속되는 삶을 지속해서 살 것인가? 내가 짜 놓은 시간표대로 내 인생을 살아갈 것인가? 그것을 지금 선택해야 한다. 지금 기회를 잡지 못하고 허송세월을 보내면 몇 년 후 당신은 그저 가난하고 평범한 노인으로 살아가게 될 것이다.

　낭비한 시간에 대해 후회할 시간은 더 이상 없다. 그리고 후회할 필요도 없다. 또 다른 긴 시간이 나를 기다리고 있다. 끌려가는 인생을 만들 것인가? 끌어가는 나 자신의 시간을 만들 것인가? 게임과 승부는 지금부터 시작이다. 은퇴 5년 전, 10년 전인 지금이 인생 2막을 위한 골든타임이다.

최고의 인생은
아직 완성되지 않았다

나는 유일하다는 생각

은퇴 후 나의 존재가치를 위해 치열하게 준비해야 할 책임은 나에게 있다. 미완성으로 끝난 인생 1막과 남은 시간을 위해 우리는 어디로 가고 있는가? 우리는 지난 세월에서 잃어버린 나의 삶의 목적과 존재 이유를 찾으며 다시는 멈추지 않을 것처럼 달려가는 기관차처럼 새로운 세상을 향하는 출발선에 서 있다.

어떤 강의에 참석해 들은 이야기이다. 한 나이 많은 목수가 은퇴할 때가 되어서 어느 날 고용주에게 이제 일을 그만두고 가족과 여생을 보내고 싶다고 말했다. 고용주는 일 잘하는 일꾼을 내보내는 것이 아쉬워서 마지막으로 집 한 채를 지어 달라고 부탁했고, 목수는 그의 요구를 받아들였다. 하지만 그 목수는 이미 마음이 떠난 상태라 형편없는 일꾼들을 불러 모아 좋지 않은 자재로 대충 집을 지었다. 집이 완성되고 고용주가 집을 보러 와서는 "이 집은 당신 집이다. 오랫동안 열심히 일해 온 것에 대한 보답이다"라며 그 목수에게 현관 열쇠를 넘겨주었다. 목수는 자신의 귀를 의심하며 커다란 충격을 받았다.

만일 목수가 자기의 집을 짓는다는 사실을 미리 알았다면 아마도 꼼꼼하고 튼튼하게 지었을 것이다. 이 이야기는 삶의 태도를 가치 중심으로 살아가야 한다는 교훈을 준다. 인생 2막의 주인은 바로 '나'이다. 내가 내 인생의 CEO이다. 어떤 일을 하더라도 장인정신으로 '나 자신의 집'을 지어야 한다. 오늘 나의 모습은 5년 전에 내가 그린 결과물이라는 이야기가 가슴에 다가온다. 인생 2막은 나 스스로 알차고 가치 있게 살아내야 할 소중한 의미를 가지고 있다.

나는 이렇게 생각하기로 했다.

'인생 1막의 삶을 종업원으로 살아왔다면, 인생 2막은 주인의 자세로 살아가고 싶다. 인생 2막은 돈과 사회적 지위에 너무 몰입하고 싶지 않다. 나는 꿈이 있고, 그 꿈을 이루는 나는 가치 있고 행복한 사람이다. 나는 유일하며 위대한 사람이다.'

위대한 업적을 남긴 사람들은 다른 사람의 시선에 신경 쓰지 않고 자신의 꿈과 자신의 방식으로 일을 완성해 나갔음을 우리는 잘 알고 있다. 은퇴는 직장을 나와서 소일거리를 하며 영혼 없이 시간을 보내며 죽을 날을 기다리며 살아가라고 주어진 시간이 아니다.

인생 1막보다 더 크고 웅장한 자기 자신만의 꿈을 가지고 영원히 살 것처럼 도전해야 하는 가치가 있다.

나도 은퇴 준비 중 하나로 은퇴 준비에 고민이 있는 사람들을 돕기 위한 코치가 되려고 배움의 길을 걷고 있다. 나는 3,000권의 책을 읽고 100권의 책을 쓰겠다는 목표를 세웠다. 죽을 때까지 인문, 철학, 역사, 문학 등 다양한 분야의 책을 읽고 또한 다양한 분야의 책을 쓰는 작가가 되는 꿈을 준비하고 도전하고 있다. 세계여행을 하면서 글을 쓰는 여행 작가를 준비하고, 은퇴 후 건강과 외모를 가꾸며 실버 모델에도 도전하려 한다.

인생 1막 때 해 보지 못한 일들이다. 먹고살기 위해 꿈도 못 꿨던 엄청난 일들이다. 보통 사람으로서 정말 영원히 살 것처럼 인생 2막을 꿈꾸고 있다. 이것이 평범한 직장인이 꿈꾸기에는 적합하지 않다고 생각하는가? 다른 사람의 생각은 나의 꿈과 아무 상관없다. 꿈을 정하고, 도전하고 이루어 나가는 것은 '나' 자신이다. 마찬가지로 당신이 꿈꾸는 인생 2막은 당신만의 것이다. 누가 뭐라 해도 신경 쓸 일이 아니다. 오로지 꿈을 향해 달려가는 당신만의 길이 있기 때문이다.

구체적이고 명확한 꿈의 목록을 적고, 꿈이 이루어지는 과정을 상상하면서 영원히 죽지 않을 사람처럼 준비하고 도전해 보라. 꿈을 이루는 길은 포기하지 않으면 이룰 수 있다. 언젠가는 이루어지리라 믿고 큰 그림으로 멀리 갈 준비를 하는 것이다. 두려움과 걱정으로 늙어가기에는 인생이 너무 아깝다. 은퇴 후 주어진 40~50년은 지나간 인생 1막에서 간절히 바라던 자유이며, 목마르게 부르짖던 꿈을 이룰 수 있는 시간이기 때문이다. 나에게 큰 선물이고 기회이다. 그 큰 선물을 나 자신의 보물로 간직할 사람도 바로 '나'이다.

5년 전 위암에 걸려 여전히 치료를 받고 있는 친구를 만났다. 친구는 행복한 표정으로 이렇게 말했다.

 "5년 전에 세상을 떠났다고 생각해. 건강이 허락하는 한 좋아하는 그림을 그릴 거야. 어차피 제2의 인생을 살아가는 거니까. 덤으로 얻은 삶을 후회 없이 살아가고 싶다."

여러분은 어떤가? 아직 건강하고 먹고살 만한 조건 아닌가? 당장 죽음을 앞두고 있는가? 인생 2막이라는 보너스 인생을 어영부영 하루하루 허비하며 살아가기에는 너무 아까운 시간이다. 인생 2막은 나만의 꿈과 비전을 위한 여행으로 꽉 채우자.

미래를 미리 상상하라

인생은 끝없는 도전이자 위험의 연속이다. 그러나 '시작이 있으면 결과는 반드시 있다'는 믿음으로 여행을 출발하라. 출발 자체가 바로 행복이고 우리가 얻을 보상이다. 인생 2막은 어떤 일을 하든지, 누구를 만나든지, 어디에 머물든지 자유를 즐기면서 나아가는 방법

이외에 무엇이 있겠는가?

지난날의 경험과 지식을 배움으로 연결하고 자신의 꿈의 안내자가 될 멘토를 거울삼아 자신만의 길을 개척해 나가는 즐거운 길을 만들어야 한다. 직장에 있는 지금 은퇴 준비는 최후의 미션이자 에너지를 충전하는 도전이 되어야 한다. 자신만의 성공 기준과 행복지수를 설정하고 자신만의 독특한 인생 2막을 준비하는 것은 가치 있고 후회 없는 여행을 보장할 것이다. 자신의 꿈과 기준이 변화무쌍한 미래를 항해할 나침반이 될 것이기 때문이다.

『빅 픽처를 그려라』의 저자 전옥표는 "사람은 자신이 상상해 본 미래에만 도달할 수 있다. 중요한 것은 상상이 맞느냐 틀리느냐가 아니라 상상을 해 봤는가 안 해 봤는가이다. 꿈꿔 보지 않은 것을 이루는 사람은 없다"고 말한다. 미국을 가기 위해서는 미국을 상상해야 한다. 작가가 되기 위해서는 교보문고에서 저자 사인회를 상상해야 한다. 버킷리스트에 목록을 적고, 그것을 상상하고 그 꿈을 이루는 준비와 노력이 필요하다. 자기 자신에 맞는 풍성한 꿈 목록을 지금 작성하라. 언제 당신 인생의 마지막이 올 것인가? 100세 시대를 축복이라 부르는 사람도 있고 재앙이라 말하는 사람도 있다. 하지만 100세까지 살아야 하는 시대라면 이왕이면 축복이라 여기고 계획을 세워라. 나의 꿈을 실현하면서 마지막까지 살아가는 것이 내 인생의 미션이다.

이 시대의 중장년들은 직장이 전부인 것처럼 몸을 바쳐 살아가고 있다. 아침에 무거운 잠자리를 박차고 일어나야 하는 것은 월급을 주기 때문이었다. 만원 전철에서 부대끼며, 퇴근길의 피곤함에 지친 육신을 이끌고 살아가는 것도 먹고살기 위함이다. 그러나 어느 날 출근할 직장은 사라진다. 출세의 야망과 연봉을 위해 바친 시간은 원점으로 돌아가고 되돌릴 수 없다. 잃어버린 꿈을 현재의 직장에서 구하기는 이미 시간이 많이 지났다. 두려움과 걱정은 날려 버려라. 그래도 지금 꿈이 있지 않은가! 삶의 마지막까지 실현할 꿈의 목록을 가득 채우고 영원히 살아갈 것처럼 희망의 인생 2막 여행 계획을 만들어 보라.

나의 꿈과 나의 인생은 어디로 가고 있는가? 이제 마지막 선물이자 기회인 인생 2막의 삶이 기다리고 있다는 안도감으로 새벽을 맞이해 보자.

죽음이 곧
은퇴인 것처럼

은퇴는 죽음을 기다리는 과정?

우리는 가끔 '사는 게 지겹다'고 푸념한다. 어떤 일이 잘 안 돌아가거나 맘에 안 드는 일이 반복해서 일어날 때 그렇게 말한다. 하지만 그렇다고 죽기를 희망하는 사람은 없을 것이다. 건강하게 오래 살고 싶은 욕망은 역사 이래로 이어진 인간의 원초적 바람이다. 그러나 우리 모두는 언젠가는 죽는다. 죽음이 있기에 삶이 값진 것이고 생명이 고귀한 것이다. 어떻게 죽느냐도 중요하겠지만 결국 어떻게 살아가느냐는 것이 더욱 중요한 문제이다. 당신은 어떻게 살다가 죽고 싶은가?

경력 단절과 은퇴가 그동안 다녔던 직장에서 물러나 죽음을 기다리는 과정의 시작이라면 그 두려움과 고통은 더욱 클 것이다. 인생 1

막의 졸업과 경력 단절은 인생 2막의 새로운 출발이다. 인생 2막에서 자기 자신을 성장 발전시켰던 사람을 수없이 많이 보지 않았던가. 우리는 죽음의 순간까지 남아 있는 많은 시간을 인생 1막보다 더 열정적으로 가치 있게 살아가야 한다. 우리 모두 진정한 자신의 꿈을 이루기 위해 살지 못한 아쉬움을 갖고 있을 것이다. 인생 2막은 자기 자신의 꿈을 향하는 기회이기에 축복이다. 그러므로 은퇴는 죽음을 완성하는 인생길을 향한 출발이자 죽음을 배우는 과정이다.

나를 비롯해 지금 퇴직을 맞이하는 베이비붐 세대는 제2의 인생을 맞이하는 변화의 주체이자 위기와 기회에 직면하고 있는 주인공들이다. 그러므로 자신의 변화관리를 통해 지금부터 인생 2막을 철저히 준비한다면 무한한 잠재력과 가능성이 있는 삶을 살아갈 수 있다.

내 아버지는 54세에 돌아가셨다. 지금 내 나이가 아버지가 돌아가신 나이이다. 아버지는 내 나이에 죽음으로 인생을 은퇴하셨다. 시골에서 농사지으면서 자녀들 뒷바라지하고 재산을 좀 더 늘려 보겠다고 고생하시다 죽음이 곧 인생의 은퇴가 되었다. 학자들의 예측으로 보면 나는 40년 이상 더 살아야 한다. 아버지의 죽음을 생각해서라도 죽음이 곧 은퇴인 것처럼 살아야 한다. 그러기 위해 나의 꿈과 못다 이룬 아버지의 꿈을 이루려는 열망으로 나머지 인생을 준비하고 맞이하고 싶다. 아버지가 돌아가신 54세를 나의 제2의 인생 시작점으로 삼으려 한다. 고생만 하고 돌아가신 아버지의 꿈을 가슴에

품고 인생 2막을 가치 있는 기회와 축복으로 살아가는 것이 나의 사명이다.

은퇴와 죽음 사이의 인생

이 시대의 40~50대도 은퇴와 죽음에 대해 새로운 인식을 가지고 기회와 축복의 인생 2막을 시작해야 한다. 우리가 마주하는 두 가지 큰 과제이자 넘어야 할 은퇴와 죽음은 하나로 연결되어 있다. 그럼 죽음에 직면하게 될 인생에 대한 태도를 어떻게 가져야 할지 진지하게 생각해 보라. 100세까지 건강하게, 의미 있게 살아가며 업적을 남기는 사람도 있고, 암에 걸려 투병하면서도 생의 의미를 놓지 않고 살아가는 사람들도 많이 있다. 치매에 걸렸음에도 귀중한 삶을 살아가는 사람, 교통사고나 불의의 사고로 팔다리가 절단된 상태에서도 행복하게 살아가는 사람들이 있다. 그들은 살아 있음에 감사하며 이 시간을 즐기고 있다. 죽음으로 인생을 은퇴한 나의 아버지와 같은 사람들도 많을 것이다. 그렇다면 당신은 살아갈 만한 가치와 충분한 시간이 있지 않는가?

암으로 세상을 떠난 스티브 잡스는 이렇게 말했다.

"내가 곧 죽는다는 것을 기억하는 것은 인생에서 큰 결정을 내리는 데 도움을 주는 가장 중요한 수단이다. 왜냐하면 모든 기대와 자부심, 곤란한 상황과 실패 등 거의 모든 것은 죽음 앞에서 무의미해지고 정말 중요한 것만 남기 때문이다. 당신이 죽는 것이라는 것을 기억하는 것은 당신이 어떤 것을 잃을 것이라는 생각의 덫을 피할 수 있다는 것을 아는 최고의 방법이다. 당신은 이미 벌거숭이다. 당신의 가슴을 따르지 않을 이유는 없다."

나를 위해 그 누구도 내 인생을 만들어 주거나 대신해 주지 않는다. 나의 꿈은 나만이 만들고 도전할 수 있다.

우리는 늘 "시간이 없다", "바쁘다", "기회를 주지 않는다", "운이 없다"며 불평하며 살아오지 않았던가? 인생 2막은 남을 원망하면서 살아가기에는 너무 아깝다. 당신이 원하는 마지막 모습은 어떤 것인가? 경력 단절과 은퇴는 불평불만을 할 시간과 기회가 있지만 죽음은 누구를 원망할 시간도 기회도 주지 않는다. 후회 없는 삶을 위해 무엇을 남기고 떠날 것인가? 소득이 있고 시간이 있을 때, 자기 자신의 버킷리스트를 만들고, 인생 2막을 위한 은퇴를 죽음처럼 준비하라. 세상에서 가장 강한 것은 죽음이다. 죽음보다 강한 것은 없다. 앞으로 6개월이나 1년 안에 죽을 것처럼 살고, 은퇴 준비를 하라. 경력 단절과 은퇴를 꿈의 실현이자 인생의 선물, 축복으로 인생 2막을 창조하는 삶을 선택하는 것이다. 죽음을 이해하고 은퇴를 이해하는 것이 우리의 마지막 배움이다. 은퇴와 죽음 사이의 자신의 인생을 창조하라.

꿈을 잃을 때
비로소 늙는다

결국에는 자신의 꿈을 실현하는 과정

자녀를 둔 부모들이 가끔 아이들에게 '꿈'이 뭐냐고 묻는다. 내가 어렸을 때는 고민도 하지 않고 대통령이나 장군, 의사, 과학자라고 대답하는 아이들이 많았다. 주변에서 그렇게 말하던 아이들 중 실제로 그런 직업을 가진 친구들은 거의 없다. 정말 '꿈 깨라'고 말할 때의 '꿈'이었던가? 그래서 꿈은 그냥 '꿈으로 끝나는 것'이라 생각하고 살아왔던 것은 아닐까?

인간은 자기 나름대로 '하고 싶은 것', '되고 싶은 사람', '가고 싶은 곳', '먹고 싶은 것' 등 수많은 꿈이 있음에도 불구하고 꿈을 우리의 일상으로 격하시키며 살아가고 있다. 그러면서도 자녀들이 '꿈'에 대해 구체적으로 대답하지 못하면 은근히 화가 난다. 당신의 진정한 꿈은 무엇인가?

꿈이라는 단어를 사전에서 찾아보면 "첫째, 잠자는 동안에 깨어 있을 때와 마찬가지로 여러 가지 사물을 보고 듣는 정신 현상. 둘째, 실현하고 싶은 희망이나 이상. 셋째로 실현될 가능성이 아주 적거나 전혀 없는 헛된 기대나 생각"이라고 정의되어 있다.

우리가 '꿈이 뭐냐'고 물을 때의 의미는 대개 두 번째 '실현하고 싶은 희망이나 이상'을 뜻한다. 그러나 나이가 들어가면서 우리는 꿈을 세 번째 의미인 '실현이 불가능한 것'으로 받아들이고 살아가고 있지는 않는가? 특히 직장에서 10~20년 이상을 근무하면서 통제 받고 살아온 40~50대에게 꿈 이야기를 하는 것은 가당치도 않을 것이다. 실현 가능성이 없는 어떤 것을 다시 기대해 보라는 망상일 수 있다.

그러나 우리의 청춘 시절은 많은 '꿈'으로 가득 차 있었다. 대학을 가고, 좋은 직장에 들어가고, 결혼을 하고, 좋은 집과 차를 사고 싶었고, 해외여행을 하고 싶었다. 그런 꿈들을 실현하려고 노력하며 살아왔다. 그런 현실적인 '꿈'들 이외에도 노래를 부르고 그림을 그리고, 시인이나 소설가가 되고 싶은 꿈도 있었을 것이다. 나보다 어렵거나 힘겨운 상황의 사람들을 도와주거나 아프리카로 불우한 사람을 돕기 위해 떠나고 싶은 꿈도 있는 반면 사회적으로 높은 지위에 오르고 영향력 있는 사람이 되는 꿈도 있을 것이다. 지금 당신의 꿈은 무엇인가?

청년 시절 어느 순간, 가난 때문에 아니면 어떤 다른 이유로 지금까지 '가지 못한 길'을 걷고 있을 수 있다. 당시의 여건이나 상황이 현재의 이 길을 걸어가게 했을 수도 있다. 그리고 지금 또다시 인생 2막의 길을 정해야 하는 순간을 맞이하고 있다. 중년은 청춘 시절에 그랬듯이 가까운 미래에 나의 '꿈'으로 가느냐, 어떤 상황과 여건에 의해 '가고 싶지 않은 길'로 가야 하느냐 선택의 기로에 서 있다. '자기가 바라고 원하는 꿈'을 선택할 것인가? 꿈은 '헛된 기대나 생각'이라 받아들이며 살아갈 것인가? 퇴직과 은퇴로 가는 당신의 꿈은 무엇인가?

지금 이 순간에도 가슴 속에는 '창조적인 인간이자 꿈을 실현하는 인간'으로 살아가고 싶은 욕망이 꿈틀거리고 있다. 그러나 세상의 방식과 흐름에 편승하고 동화되기 시작하면서 세상이 주도하는 방식을 받아들여야 하는 현실 속에 살아왔다. 순응하고 따라주는 편이 더 쉽고 편했기 때문이다. 그리고 '내려놓기'란 주제가 들어간 책을 뽑아 읽으면서 힐링이라 생각하고 위안을 삼는다. 꿈은 원래 '실현될 가능성이 희박한 헛된 기대'라고 확신하며 꿈을 내려놓는 것이 마음에 평안을 준다고 자신에게 강요했다. 꿈보다는 세상에의 적응을 강요하는 가족과 조직 그리고 사회의 요구에 스스로 합의해 편안하게 살아왔던 것이다.

위기이자 기회인 100세 시대 인생 후반전이 기다리고 있다. 판을 바꾸고 새로운 세계를 만들어야 한다. 꿈을 '실현 불가능한 것'이라 믿는다면 인생 2막은 열리지 않는다. 지금 이 순간을 놓치면 다가올 긴 미래를 모두 잃게 된다.

인생의 좌표가 되는 꿈의 목록 '버킷리스트'

인생 2막은 길고 긴 시간 여행이다. 어영부영 시간 때우며 먹고살기에는 너무 긴 시간이다. 칼릴 지브란은 "쉬지 않고 흘러가는 세월은 인간의 업적을 짓밟아버리지만, 꿈을 지워버리거나 창조하려는 욕구를 약화시키지는 못한다. 꿈은 날이 저물 때의 태양과 동틀 녘의 달을 흉내 내 비록 가끔 숨거나 잠들기는 하더라도, 영원한 정신의 일부이기에 그대로 남아 있다"고 했다. 보이지 않으나 존재하는 꿈이 바로 진정한 꿈에 대한 정의 '실현하고 싶은 희망이나 이상'이다. 가장 중요한 은퇴 준비물은 현직에 있을 때 영원한 정신이 깃든 버킷리스트! 꿈의 목록을 만드는 것이다.

　나도 직장 생활을 하면서 해마다 직장에서 나눠 주는 업무수첩 맨 앞에 그해에 하고 싶은 일과 장기적으로 원하는 '꿈' 목록을 적어 왔다. 석사학위와 미국 유학, 가고 싶은 여행지, 갖고 싶은 차, 자격증 등 목록을 적었다. 새해가 되면 이룬 것은 지우고 새로 받은 업무수첩에 또 다른 꿈 목록을 옮겨 적었다. 지금도 그렇게 하고 있다. 나의 소망은 '버킷리스트'가 이루어 줬다. 이제 또 다른 '꿈' 목록들을 적어 가고 있다. 그 '꿈' 목록들은 다른 사람이나 세상과 타협해 만든 것이 아니다. 내가 원하고 나만이 간직한 소중한 꿈이다. 세상이 어떻게 변하더라도 나와의 약속이고, 그 누가 나를 무시하고 방해하더라도 나 자신의 믿음이다. '꿈' 목록은 항상 내 인생에서 우선순위였다. 때로는 직장 상사와의 불화와 가정 내의 역경도 있었지만 '행복한 이기주의자'가 되고자 밀어 붙였다.

자기 자신의 인생은 누가 책임져 줄 수 없다. 어차피 마지막은 홀로 떠나야 한다. 나에게 주어진 삶의 순간! 내가 진정으로 바라는 것을 찾는 것이 나와 관계 맺은 사람을 위한 것이다. 내가 행복해야 행복을 전할 수 있다. 그럼 내가 행복해지는 것이 무엇일까? 바로 꿈과 행복을 찾아가는 과정을 만드는 것이다. 이제 직장을 떠나고 세상의 풍파 속에 밀리면 영영 다시 잡을 수 없는 나의 '꿈', 나의 '버킷리스트'를 준비하라. 내 가슴을 뛰게 하는 내 인생의 '보물 상자', '꿈' 목록이 나를 인생 2막의 아름다운 목적지로 안내할 것이다.

우리나라 중장년은 그동안 꿈을 위해 살지 못했다. 당장 급한 불을 끄고, 먹고사는 문제에 치여 살았다. 우리는 꿈이 없는 삶이 어떤 것인지 알고 있다. 반쯤 노예로 살며, 주말에 주어지는 자유를 위해, 그리고 직장에서 밀려날까 두렵고 걱정스러워 조직에 동화되려고 애썼다. 머지않아 직장 밖 세상으로 나아가야 한다. 긴 시간을 살아갈 방법은 마련하지 못하고 특별한 대비책도 없다. 그러나 살아야 하고, 또 살아내야 할 인생 2막 40~50년이 기다리고 있다. 이제 당신만의 그림을 그릴 시간이다. 역경과 고통을 이겨 내야 할 상황이 닥칠 것이다. 다가올 인생의 모든 상황과 도전은 나만이 알 수 있고 나만이 대처할 수 있다. 나의 '꿈' 목록은 내가 어렵고 힘겨울 때 나의 좌표가 되어 줄 것이며 내가 가는 인생길을 포기하지 않게 할 힘이자 동반자가 될 것이다.

인생 설계,
미루지 말고 당장하라

은퇴 후 느끼는 경제적 안정이란

중장년희망일자리센터에 방문했을 때 만난 55세의 전직 대기업 출신 부장은 자신의 고민을 털어놓았다.

"대기업 인사팀에 근무할 때는 조직 내에서나 대외적으로 내 명함만 있으면 나를 만나고 싶어 하는 사람이 많았습니다. 그러나 막상 회사를 떠나고 나니 그동안 관계 맺었던 거래 회사는 물론이고 직장 내에서 알던 사람들도 나를 피하는 것 같고 멀리합니다. 퇴직하고 나니 직장 다닐 때는 생각지도 않았던 아파트 담보대출금과 아이들 학원비가 부담이 됩니다. 아내나 아이들 눈치를 보게 되고 가까운 산에 등산을 하며 직장을 알아보고 있습니다. 그러나 일자리 얻기는 너무 어렵네요. 좀 더 일찍 은퇴 준비를 했어야 했습니다."

그러면서 "자살까지 생각하는 퇴직자들이 주변에 많이 있다"며 힘든 심경을 토로했다. 넉넉한 은퇴 자금이나 연금을 확보해 놓지 않은 대부분의 직장인들의 미래 모습이다. 최근 정부는 정년을 70세로 연장하는 법안을 만들고, 베이비부머들을 위한 다양한 정책을 내놓고 있다. 중장년들이 직장에서 쏟아져 나오면서 당장 40~50대 실직자들의 생계와 일자리가 사회문제가 되고 있기 때문이다. 기술직 베이비부머들이 생산현장에서 물러나면 산업현장의 기술 인력 부족으로 인한 중소기업의 인력운영난 등 국가경제에도 타격을 입게 된다.

인생 2막의 긴 시간을 덤으로 얻은 베이비붐 세대들은 발 등에 불이 떨어졌다. 평생을 바쳐온 직장, 회사 로고와 직위가 빛나던 명함을 쓰레기통에 던져 버려야 할 시간이다. 명예퇴직한 58세의 고위직 은퇴자는 이렇게 말한다.

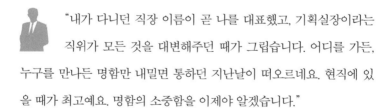

"내가 다니던 직장 이름이 곧 나를 대표했고, 기획실장이라는 직위가 모든 것을 대변해주던 때가 그립습니다. 어디를 가든, 누구를 만나든 명함만 내밀면 통하던 지난날이 떠오르네요. 현직에 있을 때가 최고예요. 명함의 소중함을 이제야 알겠습니다."

나 역시 명함이 그런 역할을 하고 있기에 공감할 수 있었다. 명함과 직위가 사라진다면 무엇으로 나를 대표하고 표현할까? 회사에서 다른 업체나 관련 기관에 전화를 할 때 흔히 "누구냐?"고 묻는다. 이름을 대면 잘 모르다가 직장 이름과 직위 이름을 대면 직위를 중심으로 상대방이 누구인지 파악하게 되고, 상대방의 직위에 따라 태도와 반응이 달라진다. 그러다 보니 중장년희망일자리센터를 찾는 베이비부머들 대부분은 이렇게 말한다.

"현직에 있을 때 평생 써먹을 명함이라도 마련해 둘 걸 그랬다."

현직에서 준비하고 기반 만들기

일자리는 결국 수입을 의미한다. 인간은 의식주 해결을 위해 수입의 중요성과 현금의 의미에 현실적으로 다가갈 수밖에 없다. 은퇴자들이 세상에서 느끼는 경제적 안정의 의미는 매우 크다. 일자리는 생존을 의미한다. 은퇴 자산이 준비된 사람과 그렇지 않은 사람의 차이 또한 크다. 지금 현직에 있는 40~50대는 끝인 것 같은 시작점에 있다. 새로운 시작은 모두에게 열려 있지만 모두가 시작할 수 있는 것은 아니다. 수입이 있는 지금 은퇴 준비가 더 수월하다는 것을 알아야 한다. 그러나 쉽지 않다는 것 또한 현실이다. 당장 코앞에 있는 일들이 막막하기 때문이다. 미래의 삶의 질은 지금 준비에 의해 결정된다. 나 자신의 삶과 가족의 생계를 위한 미래 자산을 마련하고 일자리를 통한 수입원을 찾아야 한다.

40~50대의 실직자들은 새로운 분야에서 밑바닥부터 시작하고 경험해야 한다. 누구도 비켜 갈 수 없는 현실이다. 그러므로 가능한 직장에 있을 때 퇴직 후에 실행해야 할 기반을 만들어야 한다. 과거의 경험과 지식을 바탕으로 해 새로운 배움을 융합시켜 인생 2막의 자립기반을 만들거나 새로운 분야에 전문성을 쌓아서 자립 기반을 마련해야 한다. 지금 40~50대는 우수한 인적자원들이다. 어려움과 가난을 딛고 나라의 어려운 상황을 개선하며 오늘날의 사회를 만드는 데 기여했다. 이제 또다시 자기 자신의 터닝 포인트를 맞이해 다시 뛰어야 하고 초고령사회를 당당하게 살아가는 주인공으로 다시 태어나야 한다.

농경사회와 산업사회를 살아오면서 결혼과 자녀 뒷바라지, 부모봉양으로 살아온 인생 1막을 접고, 자신만의 꿈을 향해 다시 도전해야 할 시간이다. 지난 삶의 여정에서 쌓아온 지식과 경륜을 토대로 자신의 꿈을 찾아라. 인생 1막의 아픔과 시행착오, 그리고 성취들을 엮어서 새로운 명함과 새로운 일자리를 만드는 준비에 착수하라. 작은 것부터 준비하고 할 수 있다는 자신감으로 도전하라. 현직에 있는 지금 퇴근 후의 1~2시간은 5년 후의 인생을 바꿀 수 있다.

정년 10년 전에 준비하는 인생 2막

나도 정년이 10년 정도 남았을 때 인생 2막을 준비하기 시작했다. 비록 안정된 직장이지만 이대로 살아가는 것이 진정한 나의 삶인가를 고민했다. 매일매일 반복된 일상 속에 매월 지급되는 월급과 은퇴 후에 생계보장용의 연금이 내 인생의 전부라고 생각했다. 그러나 더 나이 들기 전에 무엇인가를 준비해야겠다는 생각을 했다. 나는 인생 2막을 위해 제일 먼저 내가 하고 싶은 일과 꿈을 정리했다. 지금의 직장 생활은 일정 기간까지 안정적으로 먹고살 수 있지만 퇴직 후에는 새로운 도전이 어렵다고 판단했다. 직장은 내면의 행복이나 자아실현과는 거리가 멀다. 나만의 스토리를 다시 쓰고 싶었다. 진정한 내 꿈을 실현하는 길을 찾고 싶었다. 인생 2막을 준비하기 위해 나는 책 쓰기를 선택했다. 내 이름을 브랜딩하고, 저서를 인생 2막의 명함으로 만들기로 결심했다. 책을 통해서 나의 이야기와 가치를 전하는 코치로 살아가기로 결심했다. 다른 사람들보다 뛰어난 재능과 경제적 능력을 가진 것도 아니었지만 남은 인생 2막을 준비하는 과정에서 나만의 세계를 만들겠다는 열망이자 꿈이었다. 2021년이면 정년퇴직이다. 그 이전에 모든 준비가 되어야 한다고 판단했다. 출퇴근 시간 2~3시간을 생존 독서와 글쓰기에 투자하며 새로운 스토리를 쓰기 위한 미래를 준비하고 있다. 나의 꿈과 은퇴 준비는 지금도 진행형이다.

국가나 사회가 나의 인생을 책임져 주지 못한다. 연금이 나의 기나긴 인생을 보장해 주지 않는다. 100세 시대, 나의 꿈을 이루는 기회로 바꾸는 일은 오직 나만이 할 수 있다. 나이가 들어도 꿈은 사라지지 않는다. 누구든 자기가 원하는 자아실현의 삶이 있다. 꿈은 나를 항상 깨어 있게 하고, 꿈은 나를 행동하게 하며, 나를 꿈으로 다가가게 한다. 지금 당장 미래를 위한 '일거리', '먹거리', '명함'을 준비하라. 은퇴 준비가 재무 설계서를 만들고 이직과 재취업 정보를 알아보고, 창업을 준비하는 것을 의미할 수도 있다. 가족 관계와 친구 관계를 개선하는 것일 수도 있다. 건강과 취미를 위해 미래를 디자인하거나, 봉사와 사회 공헌의 길도 있다. 귀농·귀촌을 선택할 수도 있다. 각자의 인생에 맞는 인생 2막을 위한 다양한 준비 목록을 준비해야 한다. 모든 사람의 바람일 것이다. 어떤 것을 선택하든지 그것은 당신의 인생이다.

중요한 것은 지금 당장 준비 작업에 착수하는 것이다. 더 이상 은퇴 준비를 미루지 말라. 세상을 중심으로 움직이던 나의 일과 삶이 아니라, 내가 중심이 되어 삶과 일을 통제할 수 있어야 한다. 꿈과 욕심을 허락하는 것은 당신 자신이다. 당신의 인생과 일을 자신이 중심이 되어 돌아가도록 준비하라. 준비하는 자에게는 기회가 펼쳐져 있다.

• 은퇴 준비를 돕는 웹사이트 •

지역별 중장년 일자리희망센터

각 지역별로 일자리 정보를 얻을 수 있는 유용한 사이트입니다. 일자리 알선과 교육 등 다양한 프로그램이 소개되어 있습니다.

서울

노사발전재단, 장년 일자리 희망넷
http://www.4060job.or.kr

한국무역협회
http://www.kita.net

전국경제인연합회
http://www.fki.or.kr

중소기업중앙회
http://www.kbiz.or.kr

대한은퇴자협회
http://www.karpkr.org

대한상공회의소
http://www.korcham.net

한국경영자총협회
http://www.kefplaza.com

경기도

평택상공회의소
http://pyeongtaekcci.korcham.net/main.cci

고양상공회의소
www.gycci.or.kr/main.cci

안산상공회의소
http://ansancci.korcham.net/main.cci

충청도

대전충남경영자총협회
www.tjcnef.or.kr/

충남북부 상공회의소
http://cbcci.korcham.net/main.cci

충북경영자총협회
www.cbef.or.kr/

경상도

부산경영자총협회
www.bsef.or.kr/

경남경영자총협회
https://gef.or.kr:50011/

울산양산경영자총협회
http://blog.naver.com/uyea2013

경북경영자총협회
http://www.gbef.or.kr/

경북동부 경영자협회
http://www.geea.or.kr

전라도

광주경영자총협회
http://www.gjef.or.kr/

목포상공회의소
http://mokpocci.korcham.net/main.cci

전남경영자총협회
http://www.jnef.or.kr/

국내 시니어 관련 협회 사이트

시니어 라이프를 홀로 준비하는 데 어려움을 느낀다면 협회 홈페이지를 방문해 보는 것도 좋은 방법입니다. 일자리 알선, 자격증 교육, 레저 활동 소개 등 시니어들을 위한 다양한 정보와 연대활동을 살펴볼 수 있습니다.

한국시니어클럽협회
http://www.silverpower.or.kr
대한은퇴자협회
http://www.karpkr.org
대한노인회 취업지원센터
http://www.k60.co.kr/

국내 시니어 재취업 관련 사이트

시니어들을 위해 정부에서 운영 중인 재취업 사이트입니다. 시니어들에게 특화된 일자리는 물론 다양한 구인 정보를 찾아볼 수 있습니다.

복지로 • http://www.bokjiro.go.kr
한국노인인력개발원 • https://kordi.go.kr
워크넷 • http://www.work.go.kr
산업인력관리공단 • http://www.hrdkorea.or.kr
한국고용정보원 • http://www.keis.or.kr
한국사회적기업진흥원 • http://www.socialenterprise.or.kr
중소기업청 • http://www.smba.go.kr
소상공인시장진흥공단 소상공인포털 • http://www.sbiz.or.kr
중소기업인력개발원 • http://www.sbhrdc.re.kr
창업진흥원 • http://www.kised.or.kr

국내 창업 관련 사이트

창업진흥원
http://www.kised.or.kr

소상공인시장진흥공단 소상공인포털
http://www.sbiz.or.kr

중소기업청
http://www.smba.go.kr

중소기업진흥공단
http://home.sbc.or.kr/sbc/index.jsp

창업넷
http://www.startup.go.kr

서울산업진흥원
http://www.sba.seoul.kr/

미래글로벌창업지원센터
https://www.born2global.com/

서울일자리플러스센터
http://job.seoul.go.kr/Main.do?method=getMain

서울시 소상공인경영지원센터
http://www.seoulsbdc.or.kr/main.do

서울시 온라인 창업지원시스템
http://bi.seoul.k

은퇴하는 남편, 일을 찾는 아내
―인생 2막 성공 사례와 노후 준비 솔루션

1판 1쇄 인쇄 2015년 11월 25일
1판 1쇄 발행 2015년 12월 5일

지은이　　　고봉태

펴낸이　　　한기호
책임편집　　오선이
펴낸곳　　　어른의시간
출판등록　　제2014-000331호(2014년 12월 11일)
주소　　　　121-839 서울시 마포구 동교로 12안길 14(서교동) 삼성빌딩 A동 3층
전화　　　　02-336-5675
팩스　　　　02-337-5347
이메일　　　kpm@kpm21.co.kr
홈페이지　　kpm@kpm21.co.kr
인쇄　　　　예림인쇄　전화 031-901-6495　팩스 031-901-6479
총판　　　　송인서적　전화 031-950-0900　팩스 031-950-0955

ISBN 979-11-954453-7-0 03320

이 도서의 국립중앙도서관 출판예정도서목록(CIP)은 서지정보유통지원시스템 홈페이지(http://seoji.nl.go.kr)와 국가자료공동목록시스템(http://www.nl.go.kr/kolisnet)에서 이용하실 수 있습니다.(CIP제어번호: CIP2015031809)

어른의시간은 한국출판마케팅연구소의 임프린트입니다.
책값은 뒤표지에 있습니다.